DURCHGEBLICKT!

Schnelle Fahrzeuge

Mit Illustrationen von Alex Pang
und Texten von Jon Richards
bearbeitet von Marcus Würmli

MEYERS LEXIKONVERLAG
Mannheim · Leipzig · Wien · Zürich

INHALT

Die Deutsche Bibliothek –
CIP-Einheitsaufnahme

DURCHGEBLICKT!
Schnelle Fahrzeuge
von Jon Richards
mit Illustrationen
von Alex Pang
[Bearbeitet von
Marcus Würmli] Mannheim:
Meyers Lexikonverlag, 1998
ISBN 3-411-08161-9
NE: Würmli, Marcus
[Bearb.]; Schnelle Fahrzeuge

Das Wort MEYER ist
für den Verlag
Bibliographisches Institut &
F. A. Brockhaus AG
als Marke geschützt.

Das Werk wurde in neuer
Rechtschreibung verfasst.

© für die deutsche Ausgabe:
Bibliographisches Institut &
F. A. Brockhaus AG,
Mannheim, 1998

Illustriert von Alex Pang
und Graham White

Design
David West

Bearbeitet von
Marcus Würmli

Umschlaggestaltung
Arne Holzwarth, Stuttgart

© Aladdin Books Ltd,
London W1P9FF, 1997

Printed in Belgium

DER McLAREN BMW F1 4

SPORTWAGEN 6

FORMEL-1-RENNWAGEN 8

RENNWAGEN 10

FUNNY-CAR-DRAGSTER 12

GRAND-PRIX-MOTORRÄDER 14

GESCHWINDIGKEIT AUF ZWEI RÄDERN 16

WELTREKORDVERSUCHE 18

FRÜHERE REKORDHALTER 20

GESCHWINDIGKEIT AUF DEM WASSER 22

RENNBOOTE 24

HINAUF IN DEN HIMMEL 26

GESCHWINDIGKEIT IN DER LUFT 28

DIE MIG-31 FOXHOUND 30

DIE X-FLUGZEUGE 32

X-15 RAKETENFLUGZEUG 34

DIE NASP 36

FACHBEGRIFFE 38

ZEITTAFEL 39

REGISTER 40

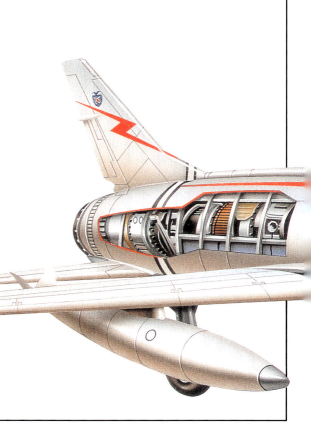

EINFÜHRUNG

Der Physiker sagt uns genau, was Geschwindigkeit ist: der Weg, der in einer bestimmten Zeit zurückgelegt wird. Als Maß verwenden wir Meter pro Sekunde (abgekürzt m/s) oder Kilometer pro Stunde (abgekürzt km/h). Ein km/h entspricht dabei 0,28 m/s. Dem Menschen und den Tieren sind enge Grenzen der Geschwindigkeit auferlegt. Die schnellsten Läufer brauchen für 100 Meter rund 10 Sekunden und für rund 40 Kilometer etwa 2 Stunden. Weitere Verbesserungen und Rekorde sind kaum mehr möglich. Bei Fahrzeugen, die von Motoren angetrieben werden, ist das anders. Man kann sie immer weiter verbessern und immer wieder neue Rekorde erzielen. Das erste Flugzeug flog 48 km/h schnell. Das war im Jahr 1903. Sechs Jahre danach lag der Rekord schon bei 100 km/h. Bei der unaufhörlichen Jagd nach Rekorden haben die Piloten von Autos, Flugzeugen und Booten oft ihr Leben aufs Spiel gesetzt – und auch manchmal verloren. Aber immer wieder drängt es den Menschen zu neuen Herausforderungen.

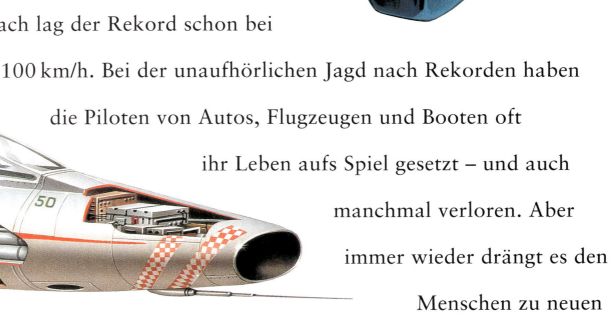

McLaren BMW F1 LM

Der McLaren BMW F1 ist eines der außergewöhnlichsten Autos, die jemals gebaut wurden. Es entsteht in den Fabrikhallen der Firma McLaren Cars, der Motor stammt von BMW. Die Rennversion dieses Autos mit der Bezeichnung F1 GTR (unten) ging erstmals 1992 an den Start und gewann 1995 in Le Mans in Frankreich. Dort wird jedes Jahr ein 24-Stunden-Rennen auf einem Rundkurs von 13,5 km ausgetragen. Bei diesem schwierigen Langstreckenrennen erreichen die Wagen Geschwindigkeiten von über 350 km/h. Der straßentaugliche McLaren, der F1 LM (große Grafik), ist genauso aufregend zu fahren. Er ist bis 360 km/h schnell und beschleunigt in noch nicht einmal 3 Sekunden von 0 auf 100 km/h. Ein normaler Pkw braucht dazu rund viermal so lang!

Gewicht sparen
Der Mc Laren BMW F1 LM ist nur 960 kg schwer – das ist wenig im Vergleich zu seiner Leistung. Dieses geringe Gewicht erreicht man durch widerstandsfähige und doch leichte Werkstoffe, zum Beispiel Aluminium, Magnesium und Kohlefaser.

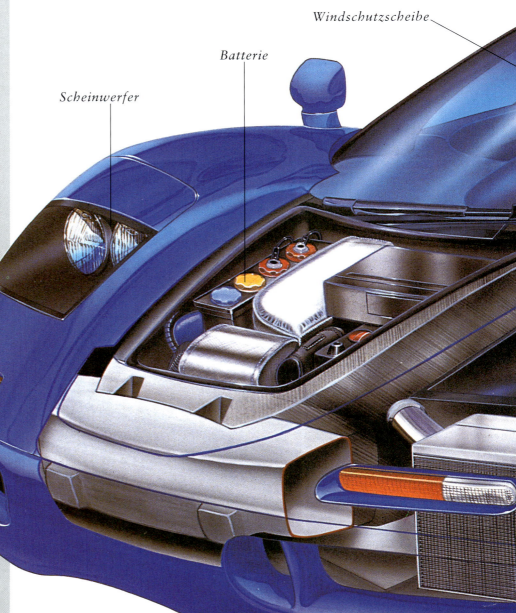

Windschutzscheibe

Batterie

Scheinwerfer

McLaren BMW F1 GTR

Stromlinienform
Der F1 LM bietet der Luft wenig Widerstand. Wir sprechen von einer aerodynamischen Form. Bei hohen Geschwindigkeiten läuft das Auto Gefahr, wie ein Flugzeug abzuheben. Das verhindert man durch die Gestaltung des Unterbodens. So entsteht ein Unterdruck, der das Auto auf der Straße festsaugt. Die gleiche Wirkung haben bei anderen schnellen Autos die flügelartigen Spoiler.

Der Motor
Der F1 LM hat einen V-Motor von BMW mit 12 Zylindern und einem Hubraum von 6 Litern. Der Motor erreicht 6500 Umdrehungen pro Minute und erbringt eine Leistung von 604 PS.

Motor von BMW

Der McLaren BMW F1

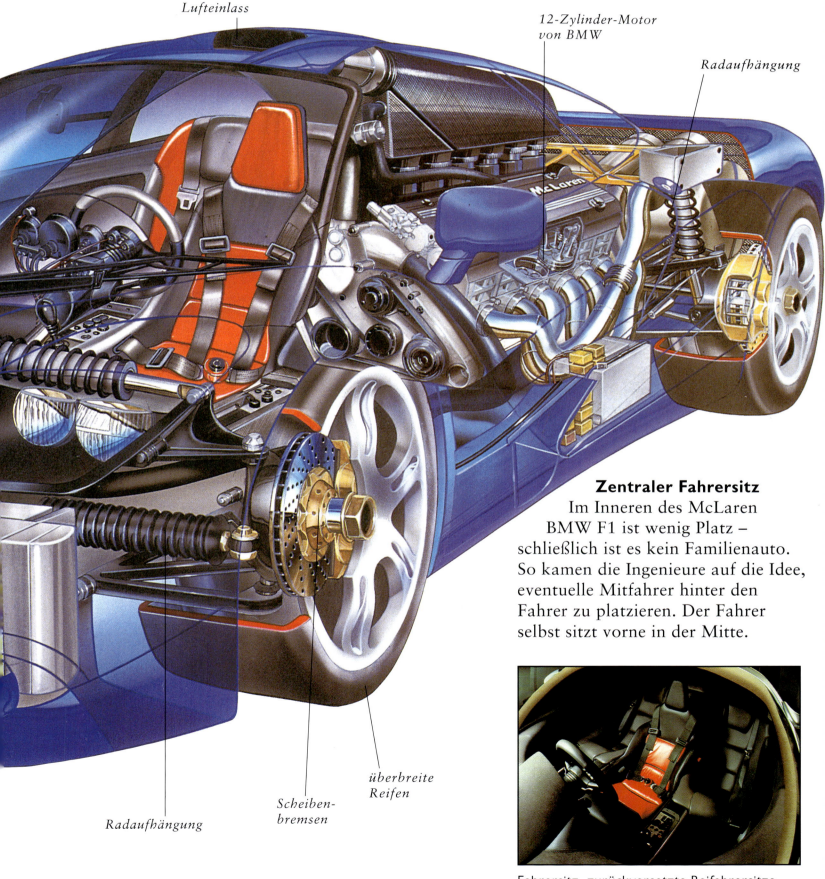

Lufteinlass

12-Zylinder-Motor von BMW

Radaufhängung

Radaufhängung

Scheibenbremsen

überbreite Reifen

Zentraler Fahrersitz
Im Inneren des McLaren BMW F1 ist wenig Platz – schließlich ist es kein Familienauto. So kamen die Ingenieure auf die Idee, eventuelle Mitfahrer hinter den Fahrer zu platzieren. Der Fahrer selbst sitzt vorne in der Mitte.

Fahrersitz, zurückversetzte Beifahrersitze

Sport-
wagen

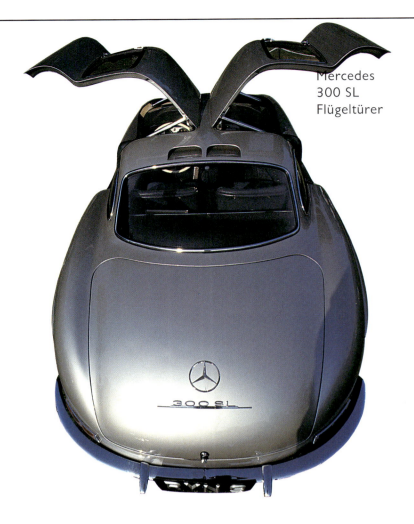

Mercedes 300 SL Flügeltürer

Knapp acht Jahre nachdem Carl Benz und Gottfried Daimler 1886 die ersten betriebstüchtigen Autos entwickelt hatten, kamen französische Pioniere auf die Idee, mit den neuen Fahrzeugen Rennen auszutragen. Und nur wenige Jahre später gab es eigene Konstruktionen für Rennwagen. Der Rennwagen ist also praktisch so alt wie das Auto selbst. Einige der berühmtesten klassischen Rennautos entstanden in den Dreißigerjahren, zum Beispiel der französische Delahaye Typ 135.

Delahaye Typ 135

Jaguar E-Typ
Der Jaguar E-Typ ist genauso schnell, wie er aussieht. Er erreicht eine Spitzengeschwindigkeit von 246 km/h und beschleunigt von 0 auf 100 km/h in ziemlich genau 7 Sekunden. Man bezeichnet seine schlanke Form als Coupé. Dieser Name geht ursprünglich auf eine zweisitzige Kutsche zurück. In den Sechziger- und frühen Siebzigerjahren wurden 72 000 Stück dieses eleganten Autos gebaut.

Mercedes 300 SL Flügeltürer
Die Türen dieses Sportwagens öffnen sich nach oben. Das Modell ist ein Nachbau des legendären Silberpfeils, der 1952 das Rennen von Le Mans gewann. Der 300 SL wurde von 1954 bis 1957 gebaut und kostete damals 29 000 Mark. Heute ist ein solches Auto sieben- bis zehnmal so viel wert!
Der Flügeltürer enthält einen 3-Liter-Motor, der das Auto in 9 Sekunden von 0 auf 100 km/h beschleunigt. Die Spitzengeschwindigkeit beträgt 228 km/h.

Jaguar E-Typ Coupé

AC Cobra 427

Die kleine englische Rennwagenfirma AC baute von 1965 bis 1968 ein extrem schnelles Sportauto mit der Bezeichnung AC Cobra 427. Der V-Motor hatte 8 Zylinder und einen Hubraum von 7 Litern. Er leistete 425 PS und trieb das Auto auf eine Höchstgeschwindigkeit von 265 km/h. Mit 4,4 Sekunden von 0 auf 100 km/h erreichte der Wagen zu jener Zeit die größte Beschleunigung.

AC Cobra

Ferrari 275 GTB/4

Die italienische Sportwagenfirma Ferrari baute von 1964 bis 1968 Wagen mit der Bezeichnung 275 GTB. Vom 275 GTB/4 wurden nur 350 Autos gefertigt. Der 3,3-Liter-Motor mit seinen 12 v-förmig angeordneten Zylindern beschleunigte in 6,0 Sekunden von 0 auf 100 km/h. Die Höchstgeschwindigkeit lag bei 260 km/h. Der Nachfolger dieses Modells war der Ferrari Daytona, das zu seiner Zeit schnellste Sportauto mit einer Spitze von rund 280 km/h.

Ferrari 275 GTB/4

Porsche 356

Dieses Auto war das 356. Projekt aus dem Büro von Prof. Ferdinand Porsche und seinem Sohn Ferry. Es trug aber als erstes Auto den Namen Porsche. Einer der Vorfahren war der Volkswagen Käfer. Die Verwandtschaft mit diesem Auto ist noch deutlich zu erkennen. Auch beim Porsche 356 liegt der Motor im Heck. Er leistet 90 PS und bringt das Auto auf eine Höchstgeschwindigkeit von 185 km/h.

Porsche 356

Jaguar XJ 220

Der Jaguar XJ 220 ist ein echtes Superauto – genau wie der McLaren BMW F1 (siehe Seite 4–5). Der XJ 220 kam 1988 auf den Markt und kostet rund 1 Million Mark. Der Einspritzmotor bringt das Auto auf 343 km/h und braucht von 0 auf 100 km/h nur 3,6 Sekunden.

V-6-Motor von Jaguar

Jaguar XJ 220

Boxenstopp während des Rennens

Die Formel 1 ist der beliebteste Autorennsport. Hier fahren die schnellsten Wagen. Allerdings sind die Geschwindigkeitsunterschiede nur gering. In der Formel 1 sind Spezialautos mit einem Hubraum von 3 Litern ohne Turbolader zugelassen. Der Rennzirkus der Formel 1 umfasst 16 oder 17 Rennen, die an verschiedenen Orten der Erde ausgetragen werden, zum Beispiel auf dem Nürburgring, im spanischen Jerez, in Monaco und im südafrikanischen Kyalami. Dabei geht es um die Weltmeisterschaft der Fahrer und um den FIA-Pokal für Formel-1-Konstrukteure. Zwischen diesen Rennen verbessern die Mechaniker und die Fahrer dauernd das Auto und stimmen dessen Bestandteile aufeinander ab.

Rennwagen der Formel 1

Boxenstopps
Beim Boxenstopp (links) kümmern sich mindestens 17 Mechaniker um einen Wagen. Sie wechseln die abgefahrenen Reifen und pumpen Treibstoff in den Tank. Tausendmal haben sie diese Handgriffe geübt. Deswegen dauern manche Boxenstopps nur noch 5 oder 6 Sekunden. So ist es möglich, dass viele Rennen durch Boxenstopps gewonnen werden: Die Mechaniker können mehr Zeit einholen als die Fahrer!

Sicherheit
Sicherheit ist ganz wichtig bei den Formel-1-Rennen. Die Fahrer sitzen fest angeschnallt in ihren engen

Ordner bei einem Unfallwagen

Cockpits. Diese sind so widerstandsfähig, dass sie bei einem Zusammenstoß meist unbeschädigt bleiben. Die Wagen verfügen – ähnlich den Flugzeugen – auch über eine Blackbox. Dieses Gerät zeichnet die letzten Fahrtdaten auf. Mit solchen Aufzeichnungen kann man später Unfälle rekonstruieren. Die Fahrer tragen feuerfeste Anzüge. Am Rande der Rennstrecke bremsen Stapel von Altreifen und Kiesbetten die Autos sofort ab. Feuerwehrleute können in Sekundenschnelle zu einem brennenden Auto gelangen.

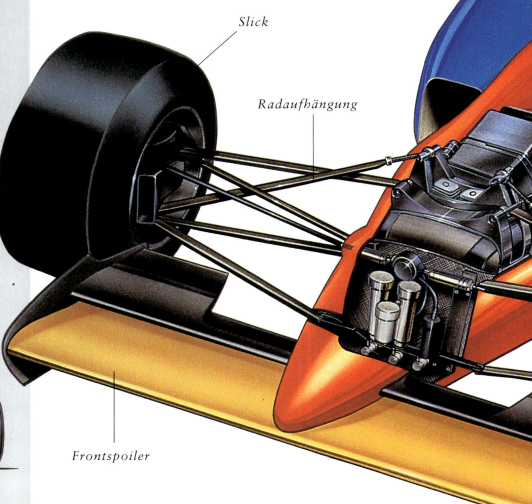

Slick

Radaufhängung

Frontspoiler

Formel-1-Rennwagen

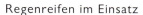

Regenreifen im Einsatz

Reifen
Es gibt zwei Arten von Rennreifen. Die profillosen Slicks werden bei trockenem Wetter eingesetzt. Bei Regen montiert man Räder mit tiefem Profil. Sie nehmen in jeder Sekunde 26 Liter Wasser von der Fahrbahn auf und versprühen es in Form feinster Tröpfchen.

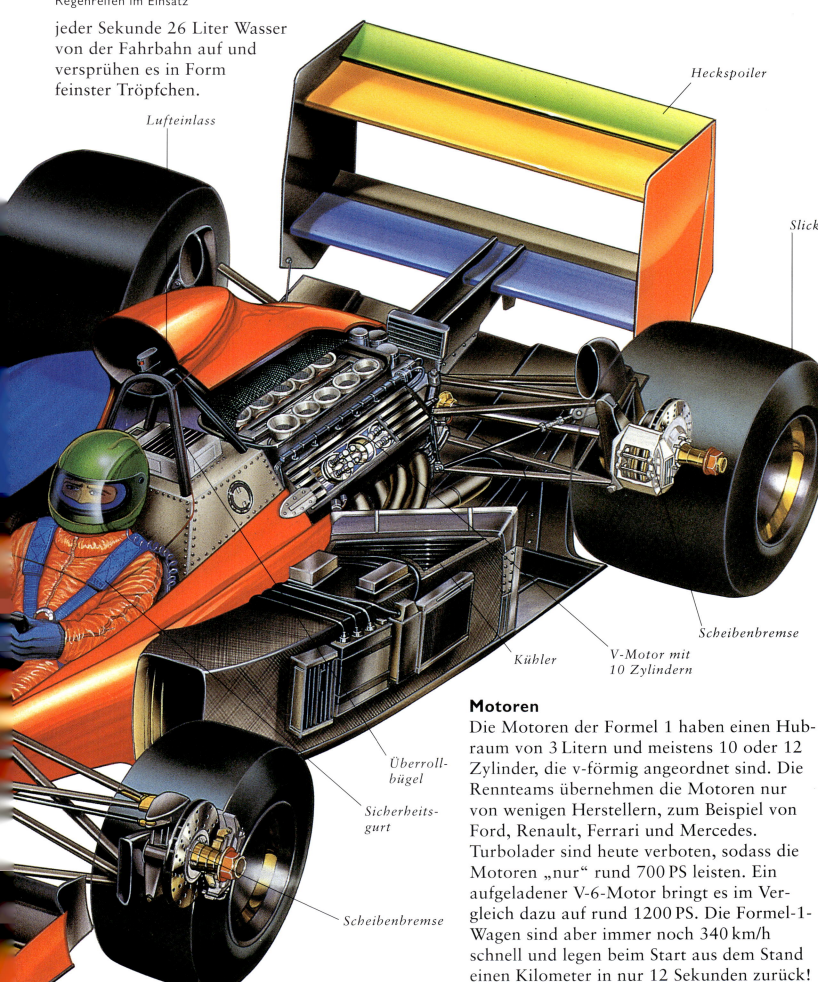

Lufteinlass
Heckspoiler
Slick
Scheibenbremse
Kühler
V-Motor mit 10 Zylindern
Überrollbügel
Sicherheitsgurt
Scheibenbremse

Motoren
Die Motoren der Formel 1 haben einen Hubraum von 3 Litern und meistens 10 oder 12 Zylinder, die v-förmig angeordnet sind. Die Rennteams übernehmen die Motoren nur von wenigen Herstellern, zum Beispiel von Ford, Renault, Ferrari und Mercedes. Turbolader sind heute verboten, sodass die Motoren „nur" rund 700 PS leisten. Ein aufgeladener V-6-Motor bringt es im Vergleich dazu auf rund 1200 PS. Die Formel-1-Wagen sind aber immer noch 340 km/h schnell und legen beim Start aus dem Stand einen Kilometer in nur 12 Sekunden zurück!

Rennwagen

Die ersten Rennautos waren ziemliche Ungetüme. Ihr Motor befand sich vorne, und die Karosserie war noch sehr eckig. Diese Form zeigte zum Beispiel der Sunbeam Tourist von 1914. Das Auto erreichte bereits eine Geschwindigkeit von fast 100 km/h. Bei solchen Geschwindigkeiten spielt der Widerstand eine Rolle, den die Luft der Bewegung entgegensetzt. Deswegen entwarfen die Ingenieure windschnittigere Karosserien. Diese Autos haben eine Stromlinienform, wie etwa der Alfa Romeo 158 von 1950 oder der Mercedes W 196 von 1954.

1914 Sunbeam Tourist

1950 Alfa Romeo 158

1954 Mercedes W196

Später wanderten die Motoren ins Heck. Die Fahrer saßen nun geschützt in einer Art Schale. Dazu kamen Flügel oder Spoiler, die bei hohen Geschwindigkeiten einen Druck nach unten erzeugen – gerade umgekehrt wie beim Flugzeugflügel. Dadurch wird das Auto auf die Straße gepresst. Alle diese Merkmale zeigt der Matra, den der Engländer Jackie Stewart 1969 fuhr. Beim McLaren-Ford von 1973 sieht man deutlich, dass der Lufteinlass für den Kühler zurückversetzt ist und an den Seiten des Autos liegt. Damit war eine noch bessere Stromlinienform möglich.

1969 Matra

1973 McLaren-Ford

Rennfahrer

Der Argentinier Juan Fangio (links) gewann während seiner Karriere von 1949 bis 1958 34 Grands Prix und fünfmal die Weltmeisterschaft. Ein Grand Prix ist ein „Großer Preis" für den Sieg bei einem bedeutenden Rennen. Einer der erfolgreichsten Formel-1-Piloten unserer Zeit war Ayrton Senna (rechts). Er gewann 41 Große Preise und dreimal die Weltmeisterschaft, nämlich 1988, 1990 und 1991. 1994 kam er beim Rennen um den Großen Preis von San Marino ums Leben.

Juan Fangio

Ayrton Senna

Weiterentwicklungen

Die Ingenieure wollen immer schnellere Autos bauen, doch die Rennkommissionen verbieten viele Neuerungen aus Sicherheitsgründen. So hatte der Chaparral 2E (oben) große, weit oben stehende Heckspoiler, die die Straßenlage verbesserten. Seit 1969 ist die Größe dieser Spoiler genau vorgeschrieben. Rennwagen mit sechs Rädern wie beim Tyrrell P34 wurden 1976 verboten.

Chaparral 2E

Tyrrell P34

Indy Car

Das Rennen von Indianapolis findet jedes Jahr in den USA statt. Die Fahrer legen dabei die berühmten 500 Meilen zurück, wobei sie 200-mal um ein völlig regelmäßiges Oval düsen. Diese Rennbahn besteht seit 1909. Ihre Autos, die „Indy Cars" (rechts), haben aufgeladene V-8-Motoren mit 800 PS. Die Autos bringen es dabei auf Geschwindigkeiten bis zu 340 km/h. Solche „Indy-Rennen" finden auch in anderen Städten in den Vereinigten Staaten statt. Die Kurven der Rennstrecken sind überhöht.

Indy Car

Bentley Napier

Fliegender Start in Le Mans

Le Mans

Das 24-Stunden-Rennen von Le Mans wurde zum ersten Mal 1923 ausgetragen. Es geht darum, auf einem 13,5 km langen Rundkurs möglichst weit zu kommen. Beim Start mussten die Fahrer früher über die Bahn laufen und den Motor anwerfen. Dann erst konnten sie starten. Heute fahren die Autos hinter einem Schrittmacher her. Wenn dieser ausschert, beginnt das Rennen. Das ist ein fliegender Start (oben).

Monte-Carlo-Rallye

Dieses Rennen wurde erstmals 1911 ausgetragen. Es handelt sich dabei um eine Sternfahrt: Hunderte von Rallye-piloten fahren von Startpunkten in ganz Europa und Afrika nach Monte Carlo. Das Wetter spielt dabei immer eine sehr große Rolle. Im strengen Winter 1965 beispielsweise kamen von 237 gestarteten Autos nur 22 ans Ziel.

Monte-Carlo-Rallye

Ford GT40

Stock-Car

Stock-Car-Rennen sind in Amerika besonders beliebt. Die Autos gleichen Serienfahrzeugen, sind aber im Innern stark verändert. In Europa fährt man Stock-Car-Rennen mit gebrauchten Autos. Dabei rammen sich die Fahrer oft absichtlich.

Ford GT40

Im Jahr 1964 nahm der Ford GT40 (oben) erstmals am 24-Stunden-Rennen von Le Mans teil. Er hatte einen 5-Liter-Motor und fuhr bis 264 km/h schnell. Die ersten beiden Versuche in Le Mans misslangen, doch dann gewann der Ford GT40 1966 und in den darauf folgenden drei Jahren.

Stock-Car-Rennen in Amerika

Aufheizen der Reifen

Startvorbereitung
Vor dem Start lässt der Pilot die Hinterreifen auf dem Asphalt durchdrehen. Dabei muss er Gas geben und gleichzeitig die Vorderräder mit Bremsen blockieren. Beim Durchdrehen erhitzen sich die Reifen. Damit kann man leichter starten.

Sicherheitskäfig

Heckspoiler

übergroße Reifen

Hinterachse

Sicherheit
Die Dragster enthalten ein automatisches Feuerlöschsystem. Der Pilot trägt einen feuerfesten Anzug mit Helm und Halsschutz.

Dragster-Rennen gibt es seit ungefähr 60 Jahren. Dabei gehen die Autos immer paarweise an den Start. Es gilt, nach einer 400 Meter langen, geraden Strecke als Erster anzukommen. Die schnellsten Dragster schaffen dies in einer Zeit von knapp unter 5 Sekunden. Dragster-Rennen fährt man mit zwei Autotypen: mit den Funny Cars, den „verrückten Autos", die am ehesten noch an normale Personenwagen erinnern, und mit den Top-Fuel-Cars, die entfernt an Rennwagen erinnern. Beide fahren mit denselben Motoren. Die Funny Cars sind bis 465 km/h schnell, die Top-Fuel-Cars werden sogar noch etwas schneller. Beide Autos brauchen zum Stoppen einen Bremsfallschirm, der nach hinten ausgeworfen wird. Dragster haben einen 8-Liter-Motor mit einem Turbolader. Der Motor verbrennt kein Benzin, sondern Nitromethan oder ein Alkoholgemisch. Während der wenige Sekunden dauernden Fahrt verbraucht der Dragster 65 Liter Treibstoff!

Funny-Car-Dragster

Funny-Car-Dragster

Motor

Turbolader
Oben auf dem Motor sitzt ein Turbolader (rechts). Er wird vom Motor angetrieben und verdichtet die Luft, die mit dem eingespritzten Treibstoff in die Zylinder gelangt. Durch diese Aufladung gibt der Motor mehr Leistung ab. Kleinere Turbolader gibt es heute in vielen sportlichen Autos.

Motor mit Turbolader

Keilriemen für den Betrieb des Turboladers

Treibstofftank

Leichte Karosserie
Die Funny-Car-Dragster haben eine leichte Karosserie aus Kohlefaser oder Fiberglas. Je leichter das Auto, umso größer die Beschleunigung. Diese ist tatsächlich so stark, dass die Autos nach rückwärts umkippen könnten. Dies aber verhindern ausfahrbare Metallstäbe, die das Auto hinten zusätzlich abstützen.

Top-Fuel-Dragster

Grand-Prix-Motorräder

Sicherheit
Rennen sind nie ungefährlich, weder Autorennen noch Motorradrennen. Deshalb tragen die Motorradpiloten Anzüge aus widerstandsfähigem Leder. Die Helme bestehen aus starkem Fiberglas und anderen Kunststoffen. Früher trugen die Motorradfahrer Helme aus Leder und Kork. Diese schützten nur gegen Schläge von oben, boten aber an den Seiten des Kopfes keinen Schutz.

Sturz bei einem Grand Prix

Kurvenfahrt
Die Fahrer müssen sich bei den hohen Geschwindigkeiten in die Kurve legen, sonst werden sie von der Straße katapultiert. Sie verlagern dabei ihr Körpergewicht auf die Innenseite und berühren mit dem Knie die Fahrbahn. Dazu sind an den Knien des Lederanzugs dicke Nylonstücke aufgenäht, die einiges aushalten.

Frontscheibe

Verkleidung aus Kevlar und Kohlefaser

Auspuff

Hinterrad

Auspuff

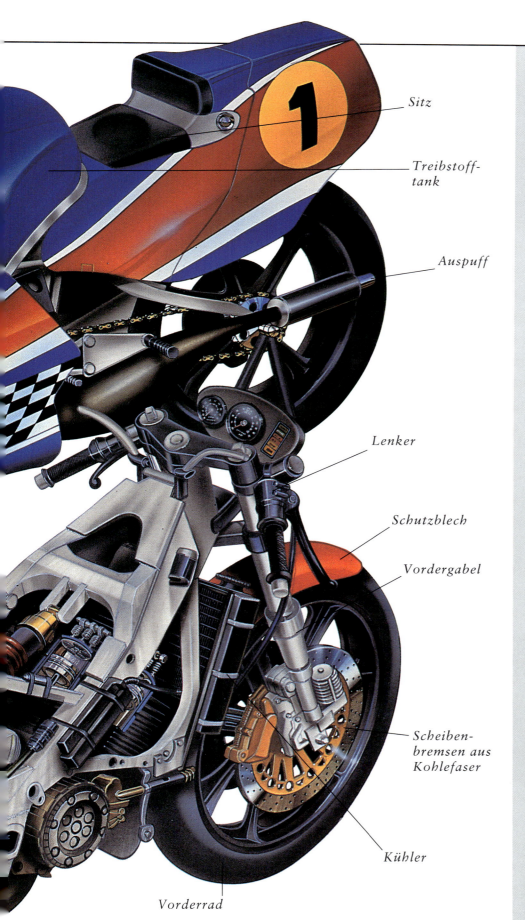

- Sitz
- Treibstofftank
- Auspuff
- Lenker
- Schutzblech
- Vordergabel
- Scheibenbremsen aus Kohlefaser
- Kühler
- Vorderrad

Start bei einem Grand Prix

Sportmotorräder werden nach ihrem Hubraum in verschiedene Klassen eingeteilt. Um die Weltmeisterschaft kämpft man nur noch in vier Klassen: zunächst 125 cm³, 250 cm³ und 500 cm³ Hubraum. Die leistungsstärksten Motorräder erreichen dabei Geschwindigkeiten von fast 300 km/h. Dann gibt es noch die Klasse der Superbikes. Hier sind 4-Zylinder-Motoren bis 750 cm³ oder 2-Zylinder-Motoren bis 1000 cm³ zugelassen. Die Regeln verlangen allerdings, dass die Superbikes normalen Straßenmodellen sehr ähnlich sein müssen. Deswegen erreichen sie nicht die Leistungen der Grand-Prix-Motorräder. Superbikes kommen auf Geschwindigkeiten von 260 km/h.

Motor

Der 500-cm³-Motor eines Grand-Prix-Motorrades hat 4 Zylinder. Er erreicht 13 000 Umdrehungen pro Minute und erzeugt eine Leistung von 170 PS. Das ist mehr als dreimal so viel wie bei einem durchschnittlichen Pkw. Und das Motorrad ist nur ein Fünftel so schwer!

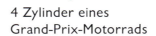

4 Zylinder eines Grand-Prix-Motorrads

Geschwindigkeit auf zwei Rädern

Husqvarna V-Twin
Die schwedische Firma Husqvarna baute Motorräder mit einem Hubraum von 350 und 500 cm³. In den Zwanziger- und Dreißigerjahren waren diese bei Straßenrennen sehr erfolgreich. Das 500-cm³-Modell war immerhin 190 km/h schnell. Heute baut die Firma Offroadmotorräder für Geländefahrten.

Die goldene Zeit für die Motorräder war vor 70 Jahren. Damals bauten Unternehmen wie Norton und Indian billigere und stärkere Motorräder sowohl für den Alltagsgebrauch als auch für Rennen. Die amerikanische Firma ACE begann mit dem Einbau von 4-Zylinder-Motoren. Im Jahr 1923 stellte der Amerikaner Red Wolverton auf einer besonders frisierten ACE XP-4 (unten) mit 210 km/h einen neuen Weltrekord auf.

Geschwindigkeitsrekorde
Auf der Jagd nach höheren Geschwindigkeiten entwickelten die Motorradbauer immer neue Ideen. Im Jahr 1938 bekam ein Motorrad der Marke Brough Superior (rechts) eine stromlinienförmige Verkleidung. Der englische Fahrer E. C. Fernihough legte auf der Rennstrecke von Brooklands in England einen Kilometer mit einer Geschwindigkeit von 229 km/h zurück – neuer Rekord. Im Jahr 1956 erreichte ein raketenförmiges Motorrad mit einem Triumph-Motor auf dem ausgetrockneten Salzsee von Bonneville in Utah, USA, 345 km/h. Der heutige Geschwindigkeitsrekord für Motorräder liegt bei 519 km/h. Dave Campos aus den USA erreichte ihn am 14. Juli 1990 mit einem Motorrad, das von einem Harley-Davidson-Motor angetrieben wurde.

Zündapp

Zündapp
Das Zündapp-Motorrad von 1935 (oben) hatte einen 2-Zylinder-Motor mit 500 cm³ Hubraum. Ein besonderes Merkmal dieses Motorrades war der Schalthebel neben dem Motor. Man schaltete damit die Gänge wie bei einem Auto. Das hintere Schutzblech war leicht abzumontieren, sodass ein Reifenwechsel leichter möglich war.

Der Rekordbrecher Triumph

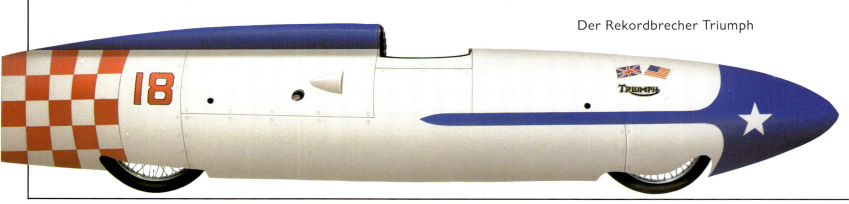

Japanische Superbikes

Heute kommen die leistungsstärksten Straßenmotorräder von japanischen Firmen. Das schnellste ist die Honda CBR 1100 XX Super Blackbird (unten). Sie hat einen 4-Zylinder-Motor mit 1137 cm³ Hubraum und 162 PS. Er beschleunigt die Maschine von 0 auf 100 in überraschenden 2,6 Sekunden und ist damit so schnell wie ein Formel-1-Rennwagen. Die Höchstgeschwindigkeit liegt bei 300 km/h!

Die Norton-Boxen während eines TT-Rennens

Die Tourist Trophy

Die englische Tourist Trophy (TT) ist das älteste und schwerste Motorradrennen der Welt. Es wurde erstmals 1907 auf der Insel Man durchgeführt. Zu Beginn gewannen vor allem Motorräder der britischen Firma Norton. Heute erreichen die TT-Bikes auf der kurvenreichen Strecke eine Durchschnittsgeschwindigkeit von fast 200 km/h! Für die 60 km des Rundkurses brauchen sie etwas mehr als 18 Minuten.

Honda CBR1100XX Super Blackbird

Drag-Bikes

Die schnellsten Drag-Bikes (unten) legen die 400 m in ungefähr 6,5 Sekunden zurück. Dabei erreichen sie Geschwindigkeiten von 328 km/h. Die Motoren dieser Maschinen geben so viel Leistung ab wie die schnellsten Serienautos, etwa der Jaguar XJ 220 (siehe Seite 7). Die Motorräder wiegen aber selbst nur halb so viel. Das Ergebnis ist eine Beschleunigung von 0 auf 100 in ungefähr einer Sekunde.

Norton-Motorrad beim TT-Rennen

Drag-Bike

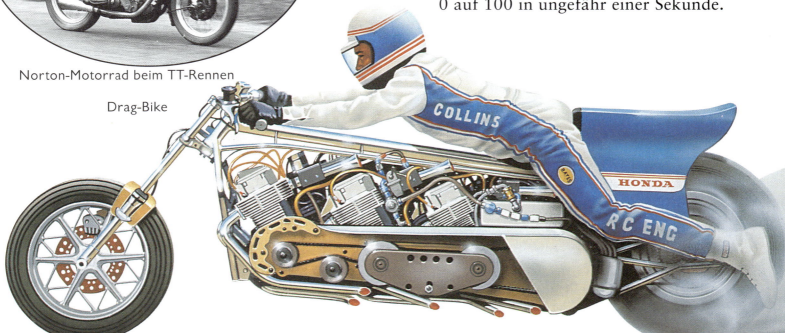

Strahltriebwerke

Die Thrust SSC wird von zwei Spey-205-Triebwerken von Rolls-Royce angetrieben. Sie erzeugen über 100 000 PS – so viel wie 140 Formel-1-Rennwagen. Die Spirit of America verfügt nur über ein Triebwerk. Die Triebwerke beider Fahrzeuge stammen aus Jagdflugzeugen, die mit Überschallgeschwindigkeit fliegen.

Abbremsen

Das Abbremsen und Stoppen solcher fahrenden Geschosse kann ein großes Problem werden. Die Thrust SSC bremst zunächst mit einem einzelnen Fallschirm (unten) auf 1040 km/h ab. Dann wird ein Dreifachfallschirm ausgeworfen, um auf 640 km/h abzubremsen. Schließlich kommen massive Scheibenbremsen aus Kohlefasern zum Einsatz, bis das Gefährt steht.

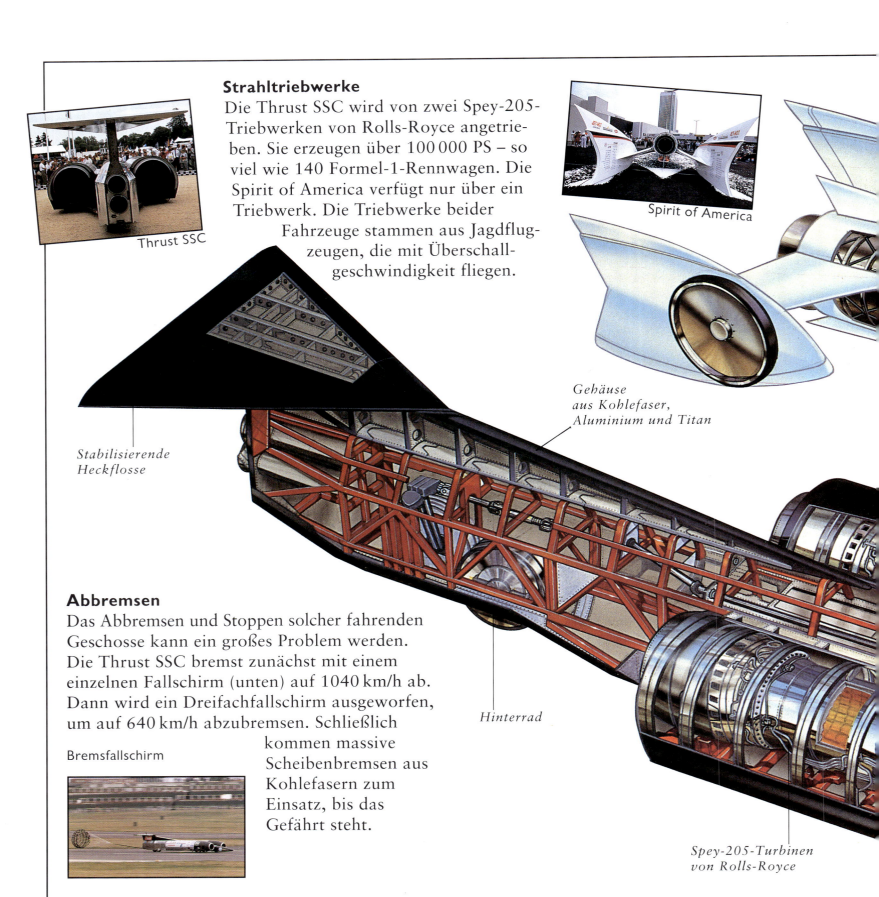

Thrust SSC
Spirit of America
Stabilisierende Heckflosse
Gehäuse aus Kohlefaser, Aluminium und Titan
Hinterrad
Bremsfallschirm
Spey-205-Turbinen von Rolls-Royce

Selbst ein langsames Flugzeug muss gegen einen starken Luftwiderstand ankämpfen. Bei höherer Geschwindigkeit steigt er unverhältnismäßig stark an, sodass die Luft fast so „dick" wird wie Honig. Nähert sich ein Flugzeug der Schallgeschwindigkeit, addieren sich die Schallwellen zu einer „Schallmauer". Vor 50 Jahren durchbrach erstmals ein Flugzeug diese Schallmauer. Erst 1997 gelang dies auch einem Raketenfahrzeug auf Rädern, der Thrust SSC. Mit ihr erreichte der englische Pilot Andrew Green eine Geschwindigkeit von 1229,5 km/h. Um den Rekord, die Schallmauer zu durchbrechen, hatte auch der Amerikaner Craig Breedlove mit seiner Spirit of America gekämpft. Er war bis auf rund 50 km/h an sein Ziel herangekommen.

Weltrekordversuche

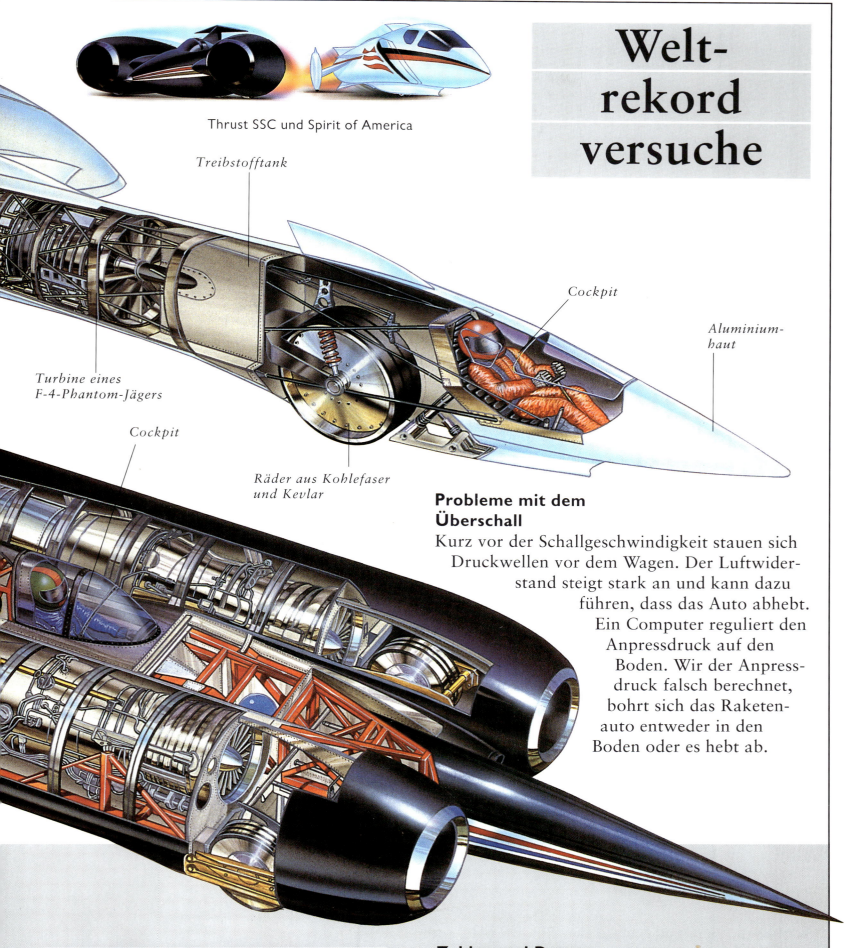

Thrust SSC und Spirit of America

Treibstofftank

Cockpit

Aluminiumhaut

Turbine eines F-4-Phantom-Jägers

Cockpit

Räder aus Kohlefaser und Kevlar

Probleme mit dem Überschall

Kurz vor der Schallgeschwindigkeit stauen sich Druckwellen vor dem Wagen. Der Luftwiderstand steigt stark an und kann dazu führen, dass das Auto abhebt. Ein Computer reguliert den Anpressdruck auf den Boden. Wir der Anpressdruck falsch berechnet, bohrt sich das Raketenauto entweder in den Boden oder es hebt ab.

Zahlen und Daten

Die beiden Raketenwagen unterscheiden sich deutlich voneinander. Die amerikanische Spirit of America ist 13,4 m lang, 2,50 m breit und wiegt knapp über 4 t. Ihre Leistung liegt bei 48 000 PS. Die englische Thrust SSC ist 16 m lang, 3,60 m breit und wiegt 6,5 t. Ihre Motorleistung ist mehr als doppelt so groß.

Die Thrust SSC bei ihrer Fahrt

Frühere Rekordhalter

Ein wieder auferstandenes Auto
Im April 1926 erreichte John Parry Thomas in seinem Higham Special mit dem Spitznamen „Babs" eine Rekordgeschwindigkeit von 272 km/h. Ein Jahr später versuchte er den Rekord zurückzugewinnen, den zwischenzeitlich Sir Malcolm Campbell (siehe unten) gebrochen hatte. Dabei verunglückte Thomas tödlich. Als Zeichen des Respekts wurde das Auto begraben. 50 Jahre später grub man es wieder aus und restaurierte es. Heute steht es in einem Museum.

Jenatzys Elektroauto

Die Rekordjagd führte im Lauf der letzten 100 Jahre zu einigen eigentümlichen Fahrzeugkonstruktionen. Die ersten Rekordhalter wurden von Strom oder Dampf angetrieben. Im Jahr 1899 erreichte der Belgier Camille Jenatzy (oben) mit einem Elektroauto 105 km/h. Doch bald erwiesen sich benzingetriebene Fahrzeuge als deutlich schneller. Der Ford 999 (unten) erhielt einen 1,6-Liter-Benzinmotor. Im Jahr 1904 erreichte Henry Ford damit auf einem gefrorenen See in Amerika eine Rekordgeschwindigkeit von 147 km/h.

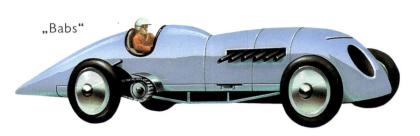

„Babs"

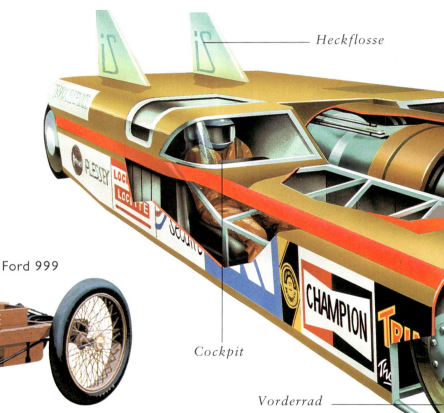

Heckflosse

Cockpit

Vorderrad

Ford 999

Könige der Geschwindigkeit
Einer der berühmtesten Piloten in der Zeit zwischen den beiden Weltkriegen war Sir Malcom Campbell. Neunmal hielt er den Rekord für Landfahrzeuge inne – und auch noch den für Wasserfahrzeuge! Alle Autos und Boote, die er fuhr, trugen die Bezeichnung Bluebird. 1933 schraubte er den Rekord auf 436,8 km/h (rechts). Sein Sohn Donald trat später in die Fußstapfen des Vaters. Mit seinem Bluebird (unten), der von einer Gasturbine angetrieben wurde, kam er auf 649 km/h.

1964 Bluebird

1933 Bluebird

Railton

Thunderbolt und Railton
Der englische Fahrer George Eyston trat 1937 mit seinem Thunderbolt erstmals in Erscheinung. Das mächtige Auto wurde von zwei Rolls-Royce-Motoren angetrieben. 1938 erreichte er mit 575 km/h den letzten seiner Rekorde. Dann wurde er von dem Engländer John Cobb in seinem Railton (links) abgelöst. 1947 fuhr er 634 km/h schnell.

Spirit of America
Einer der größten Rekordfahrer in den letzten 30 Jahren war Craig Breedlove. Er brach den Geschwindigkeitsrekord mehrere Male. Erstmals gelang ihm das 1964 mit seiner turbinengetriebenen Spirit of America–Sonic 1 mit 847 km/h. Im Jahr darauf kam er bereits auf 966 km/h. Doch dann unterlag er bei der Jagd um das Erreichen von Überschallgeschwindigkeit der Thrust SSC (siehe Seite 18–19).

Avon-302-Turbine von Rolls-Royce

Thrust 2

Spirit of America–Sonic 1

Thrust 2
Am 4. Oktober 1983 gelang Richard Noble mit der Thrust 2 (links) in der Black-Rock-Wüste von Nevada ein neuer Rekord. Das Fahrzeug wurde von einer Avon-302-Turbine von Rolls-Royce angetrieben, wie sie in Jagdflugzeugen verwendet wird. Das Gefährt kam auf 1019 km/h. Noch 10 km/h schneller, und das Fahrzeug hätte abgehoben – mit katastrophalem Ausgang!

Lufteinlass

Blue Flame
Am 23. Oktober 1970 erreichte Gary Gabelich in seinem Raketenauto Blue Flame eine Geschwindigkeit von 1016 km/h. Damit hatte er Craig Breedloves Rekord gebrochen (siehe oben). Dieser Rekord hatte 13 Jahre Bestand – bis zur Thrust 2.

Blue Flame

Geschwindigkeit auf dem Wasser

Klipper unter vollen Segeln

Als man begann, mit weit entfernten Ländern Handel zu treiben, brauchte man Schiffe, die ihre Fracht möglichst schnell transportieren konnten. In der Mitte des vorigen Jahrhunderts wurden die schnellsten Segelschiffe gebaut, die Klipper (links). Sie konnten in 24 Stunden 750 km zurücklegen und den Atlantik in nur 12 Tagen überqueren. Viele Klipper transportierten die neue Tee-Ernte von China nach London. Dabei kam es natürlich auf die Geschwindigkeit an. Der berühmteste Klipper ist die Cutty Sark von 1869, die heute als Museumsschiff in einem Trockendock bei London liegt.

Turbinia

Bei einer Parade der britischen Flotte zum sechzigsten Thronjubiläum von Königin Viktoria im Jahr 1897 erschien plötzlich ein schmales, schlankes Schiff mit ungeahnter Geschwindigkeit. Es war die Turbinia (oben) des britischen Ingenieurs Sir Charles Parsons. Sie war mit drei Gasturbinen ausgerüstet, die eine Geschwindigkeit von 63,8 km/h gestatteten. Damit war die Turbinia allen Dampfschiffen überlegen.

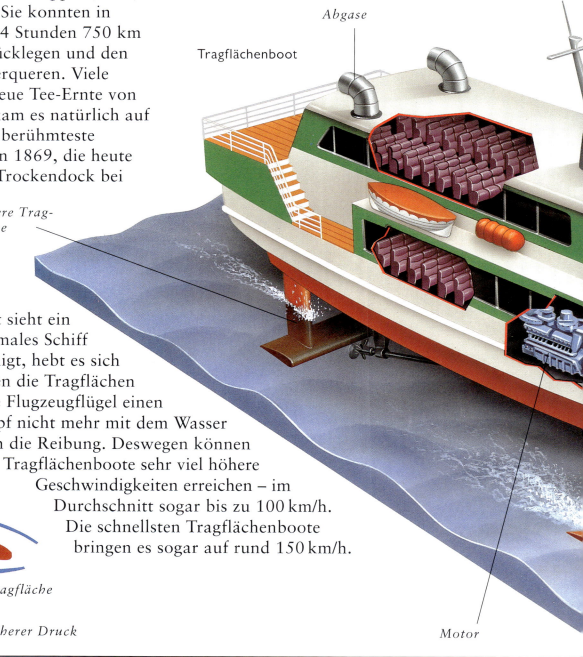

Tragflächen

Bei geringer Geschwindigkeit sieht ein Tragflächenboot wie ein normales Schiff aus. Doch wenn es beschleunigt, hebt es sich aus dem Wasser. Dann werden die Tragflächen sichtbar. Sie erzeugen wie die Flugzeugflügel einen Auftrieb. Weil der Bootsrumpf nicht mehr mit dem Wasser in Kontakt ist, verringert sich die Reibung. Deswegen können Tragflächenboote sehr viel höhere Geschwindigkeiten erreichen – im Durchschnitt sogar bis zu 100 km/h. Die schnellsten Tragflächenboote bringen es sogar auf rund 150 km/h.

Rekorde auf dem Wasser

Auch auf dem Wasser hält die Rekordjagd seit fast 100 Jahren an. Im Jahr 1918 erreichte ein Tragflächenboot des Erfinders Alexander Graham Bell eine Geschwindigkeit von 114 km/h. Den heute noch gültigen Geschwindigkeitsrekord stellte Kenneth Warby 1978 auf. Er steht bei 511 km/h. Warby steuerte sein Gleitboot, die Spirit of Australia (rechts), über den Blowering-Dam-See in Australien. Das Boot soll sogar 555 km/h und damit 300 Knoten erreicht haben, doch wurde diese Zahl nie offiziell bestätigt.

Spirit of Australia

Donald Campbell und sein tödlicher Unfall mit der Bluebird

Bluebird

Donald Campbell war fast so erfolgreich wie sein Vater (siehe Seite 20) und brach Geschwindigkeitsrekorde zu Wasser und zu Lande. 1964 kam er in seinem Boot Bluebird auf 442 km/h (239 Knoten). Drei Jahre später versuchte er die 300-Knoten-Grenze zu überwinden, kam bei einem Unfall aber ums Leben (oben).

America's Cup

Im Jahr 1851 gewann die amerikanische Jacht America ein Rennen, das seither unter der Bezeichnung America's Cup alle drei oder vier Jahre ausgetragen wird. Bis 1983 gewannen jedes Mal amerikanische Jachten. In jenem Jahr siegte die Jacht Australia 2, indem sie vier der sieben Rennen für sich entschied.

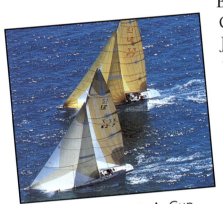
Jachten beim America's Cup

Das Blaue Band

Das Blaue Band ist eine Auszeichnung für die schnellste Atlantiküberquerung eines Passagierschiffes. Die heutige Trägerin ist die United States. Auf ihrer viertägigen Jungfernfahrt im Juli 1952 erreichte sie eine Durchschnittsgeschwindigkeit von 66 km/h (35 Knoten). Sie brauchte für die Route zwischen dem Ambrose-Leuchtfeuer von New York bis zum Bishop's Rock auf den Scilly-Inseln am Eingang zum Ärmelkanal genau 3 Tage, 10 Stunden und 40 Minuten.

Das Passagierschiff United States

vordere Tragfläche

Rennboot mit einem Rumpf

Offshore-Rennboote sind die Könige auf dem Wasser. Man unterscheidet nach Bootsform und Motorstärke verschiedene Typen. Einige Rennboote haben einen v-förmigen Rumpf, andere sind mit zwei Rümpfen ausgestattet. Diese Doppelrumpfboote heißen auch Katamarane (großes Bild). Alle diese Boote gleiten knapp über der Wasseroberfläche dahin und müssen nur noch einen geringen Wasserwiderstand überwinden. Die Rennstrecken können bis 400 km lang sein. Die Rennen finden in verschiedenen Klassen mit vergleichbarer Motorleistung statt, angefangen von 100 bis 5000 PS. Die schnellsten Boote erreichen dabei Geschwindigkeiten von rund 220 km/h oder 120 Knoten.

Luftkissen

Wenn ein Doppelrumpfboot oder Katamaran beschleunigt, entsteht im Tunnel zwischen den beiden Rümpfen ein Kissen aus zusammengepresster Luft. Es hebt das Boot in die Höhe und reduziert dadurch die Kontaktfläche mit dem Wasser und somit die Reibung. Dadurch steigt die Geschwindigkeit. Ein ähnlicher Effekt stellt sich bei den Gleitbooten (oben) ein. Sie berühren kaum das Wasser, sondern gleiten ihrerseits auf einem Luftkissen über der Wasseroberfläche dahin.

Gleitbootrennen

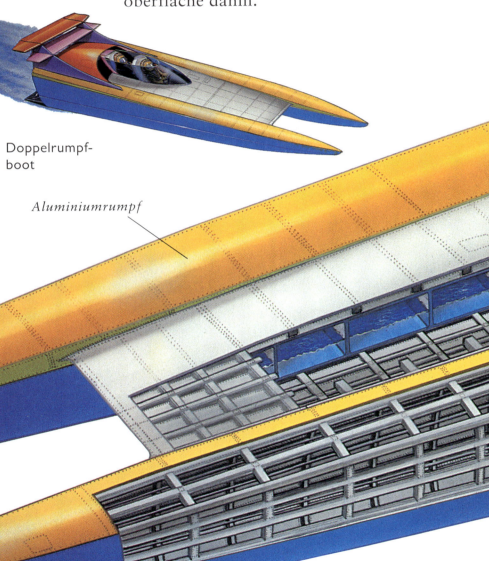
Doppelrumpfboot

Aluminiumrumpf

Harte Schläge

Motorbootrennen sind ein harter Sport für die Boote wie für die Mannschaft. Dieser 15 m lange Katamaran ist so gebaut, dass er 8 m hohe Wellen überwinden kann. Damit es diese Schläge aushalten kann, besteht das Boot aus widerstandsfähigem Aluminium.

Rennboote

Im Innern des Cockpits
Der Pilot und ein Crew-Mitglied sitzen hintereinander in einem Hightech-Cockpit, das dem eines Jagdflugzeuges ähnlich sieht. Einige Rennkatamarane haben Schleudersitze, die bei einem Unfall betätigt werden.
Der Pilot sitzt vorne und hält das Boot mithilfe elektronischer Navigationssysteme auf dem richtigen Kurs. Das zweite Crew-Mitglied sitzt dahinter und regelt die Treibstoffzufuhr, damit der Motor die richtige Geschwindigkeit halten kann.

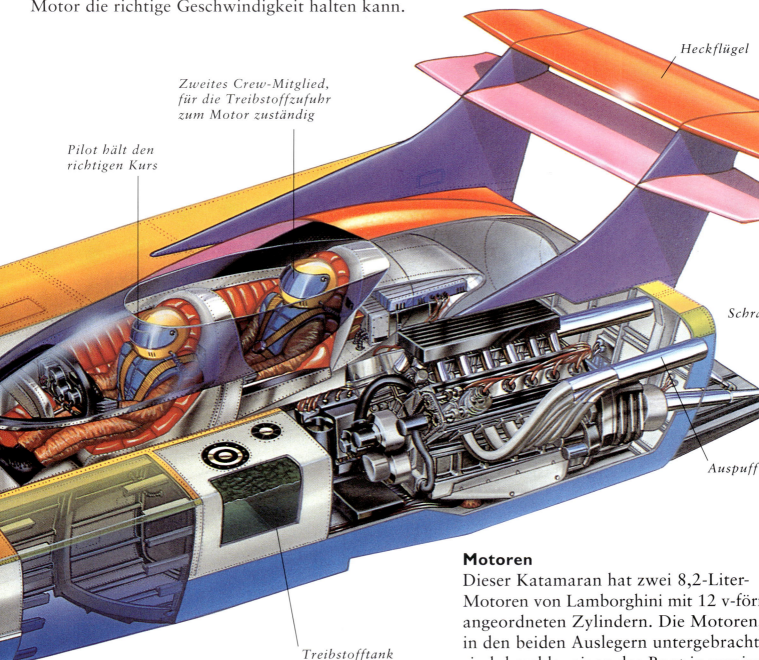

Pilot hält den richtigen Kurs

Zweites Crew-Mitglied, für die Treibstoffzufuhr zum Motor zuständig

Heckflügel

Schraube

Auspuff

Treibstofftank

Motoren
Dieser Katamaran hat zwei 8,2-Liter-Motoren von Lamborghini mit 12 v-förmig angeordneten Zylindern. Die Motoren, die in den beiden Auslegern untergebracht sind, beschleunigen das Boot in weniger als 4 Sekunden von 0 auf 160 km/h. Dazu drehen sich die Schiffsschrauben bis 10 000-mal pro Minute. Jede erzeugt eine 30 m lange Wasserfontäne.

Treibstoff
Die beiden Ausleger des Katamarans enthalten große Treibstofftanks. Die Motoren verbrauchen bei Rennen sehr viel Treibstoff, bis über 200 Liter pro Stunde. Der Treibstoff wird zwischen den beiden Tanks hin und her gepumpt. Auf diese Weise liegt das Boot völlig ausgeglichen im Wasser.

Rennboot in voller Fahrt

25

Hinauf in den Himmel

Gee Bee Sportster R-1

Schon im Ersten Weltkrieg spielten Flugzeuge eine große Rolle. Jedes Land wollte die Luftherrschaft erringen. So wurden immer schnellere Flugzeuge entwickelt. Die Spad XIII (unten) hatte einen V-8-Motor von Hispano-Suiza und erreichte 310 km/h. Damit war sie eines der schnellsten Flugzeuge ihrer Zeit.

Gee Bee Sportster
In der Zeit zwischen den beiden Weltkriegen waren die Menschen sehr an Luftrennen interessiert. Die Gee Bee Sportster R-1 (oben) war eines der erfolgreichsten Sportflugzeuge ihrer Zeit. Sie erzielte einen neuen Geschwindigkeitsweltrekord mit 503 km/h und gewann 1932 die Thompson-Trophäe. Wegen seiner kurzen Fassform und des fehlenden Seitenruders war das Flugzeug aber schwer zu fliegen. Das letzte Exemplar zerschellte 1933 während eines Rennens.

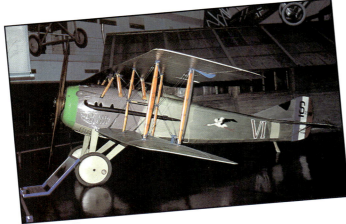

Spad XIII

Supermarine S.6B
Der französische Waffenhersteller Jacques Schneider schrieb erstmals 1913 ein Rennen für Wasserflugzeuge aus. Diese können mit besonderen Schwimmkörpern auf dem Wasser landen. Wer die Schneider-Trophäe dreimal hintereinander gewinnen würde, der sollte sie behalten. Dies gelang dem Unternehmen Supermarine im Jahr 1931. In das letzte Rennen sandte die Firma ihren Typ S.6B (links und rechts), der 548 km/h schnell war. Aus diesem Flugzeug entwickelte man später die englischen Jagdflugzeuge mit der Bezeichnung Spitfire.

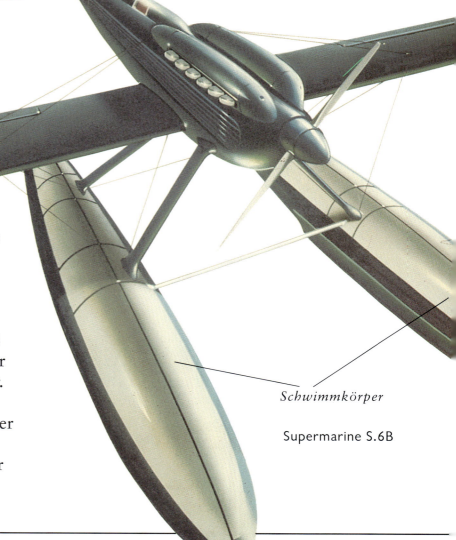

Schwimmkörper

Supermarine S.6B

SUPERMARINE S6B

Höhere Fluggeschwindigkeit

Nach dem Ende des Zweiten Weltkriegs hatte man beim Bau von Propellerflugzeugen die Grenzen der Leistungsfähigkeit erreicht – noch schneller konnten sie nicht fliegen.
Ein erster Versuch eines neuartigen Antriebs war das von Raketen angetriebene Flugzeug, das der Deutsche Franz von Opel um 1929 entwickelte (rechts). Obwohl es Geschwindigkeiten bis zu 161 km/h erreichte, setzte sich die Idee des Raketenantriebs nicht durch und wurde in den nächsten 40 Jahren nicht mehr weiterverfolgt. Der Düsenantrieb brachte den Flugzeugbauern schließlich den entscheidenden Durchbruch.
1952 wurde das erste Düsenflugzeug für Linienflüge eingesetzt. Die de Havilland Comet (unten) hatte Platz für 36 Passagiere und flog mit einer Geschwindigkeit von 788 km/h.

Raketenflugzeug von Opel

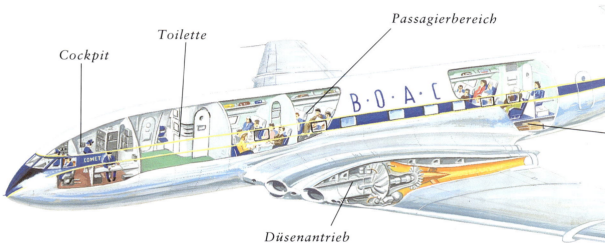

Cockpit — *Toilette* — *Passagierbereich* — *Laderaum* — *Düsenantrieb*

De Havilland Comet

Die ersten Kampfflugzeuge

Der erste Düsenmotor wurde von britischen Wissenschaftlern gebaut und getestet. Als erstes Düsenflugzeug startete jedoch im Jahr 1939 die deutsche Heinkel He-178. 1944 während des Zweiten Weltkriegs wurde ein Düsenflugzeug zum ersten Mal als Kampfflugzeug eingesetzt: Die Messerschmitt Me 262 erreichte Geschwindigkeiten von bis zu 866 km/h. Zur gleichen Zeit begannen auch andere Länder mit dem Bau von Kampfflugzeugen mit Düsenantrieb: die Briten entwickelten die Gloster Meteor (unten), die Amerikaner die P-59 Aircomet.

P-51 Mustang

Die North American P-51 Mustang

Die Mustang (oben) hatte einen Merlin-Motor von Rolls-Royce. Mit 784 km/h war sie eines der schnellsten propellergetriebenen Flugzeuge während des Zweiten Weltkrieges. Das Flugzeug war leicht zu fliegen und erhielt deswegen den Spitznamen „Cadillac des Himmels".

Gloster Meteor

Geschwindigkeit in der Luft

Überschalljäger
Die North American F-100 Super Sabre von 1953 war das erste Jagdflugzeug, das mit Überschallgeschwindigkeit fliegen konnte. Es erreichte 1390 km/h oder Mach 1,31. Die Convair B-58 Hustler war der erste Überschallbomber und erreichte sogar Mach 2 und damit doppelte Überschallgeschwindigkeit. Ihre Höchstgeschwindigkeit lag bei 2215 km/h (Mach 2,1).

Convair B-58 Hustler

Tupolew-142 Bear

Heute ist der Himmel voller unglaublich schneller Flugzeuge. Seit ungefähr 50 Jahren werden die meisten von Düsen- oder Strahltriebwerken angetrieben. Besonders militärische Flugzeuge fliegen schneller als der Schall. Für kürzere Strecken kommen allerdings noch Propellerflugzeuge zum Einsatz. Auch Transport- und Aufklärungsflugzeuge in der Armee haben noch Propeller, etwa die russische Tupolew-142 Bear. Sie ist mit 925 km/h oder Mach 0,82 das schnellste Propellerflugzeug.

J-57-Triebwerke von Pratt and Whitney

zusätzlicher Treibstofftank

Passagierflüge mit Überschall
Bisher gab es nur zwei Passagierflugzeuge, die mit Überschallgeschwindigkeit fliegen, die französisch-englische Concorde und die russische Tupolew Tu-144 (unten). Beide wurden in den Sechzigerjahren gebaut.

Tornado

Schwenkflügel
Manche Kampfflugzeuge können ihre Flügelform verändern. Beim Start und beim langsamen Flug werden sie nach vorn geschwenkt, beim schnellen Flug nach hinten (rechts). Zu diesen Flugzeugen gehören die F-111 und der Tornado (oben). Er kann die Flügel von 23 bis 68 Grad schwenken. Einige Versionen fliegen 2414 km/h (Mach 2,27) schnell.

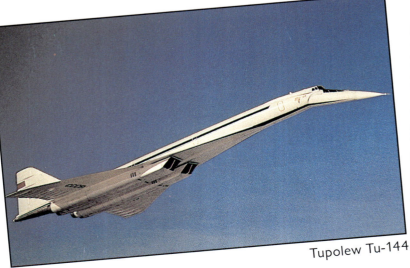
Tupolew Tu-144

Blackbird

Die Lockheed SR-71 Blackbird (rechts) ist das schnellste Flugzeug der Welt. Es wird von zwei Turbo-Ramjets der Firma Pratt and Whitney angetrieben und erreicht 3530 km/h oder Mach 3,35. Es kann noch in einer Höhe von 30 Kilometern fliegen! Die NASA verwendet Blackbirds für Forschungen über die nächste Generation von Überschallflugzeugen (siehe Seite 36–37).

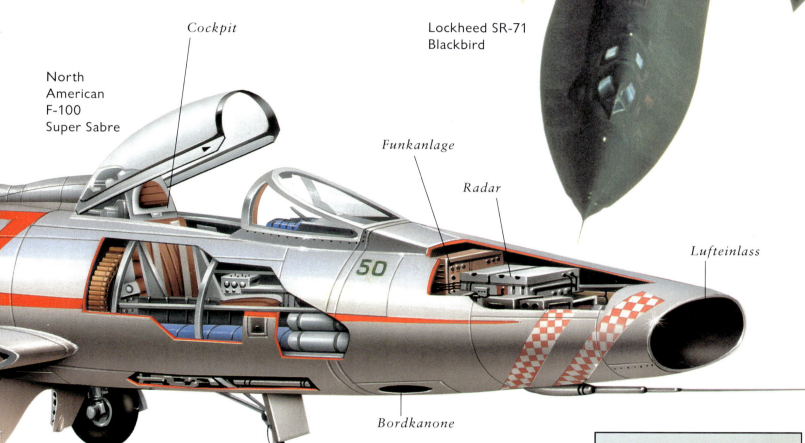

Lockheed SR-71 Blackbird

Cockpit

North American F-100 Super Sabre

Funkanlage

Radar

Lufteinlass

Bordkanone

Bugradfahrwerk

Eurofighter

Jets der Zukunft

Bei den Kampfflugzeugen will man immer noch höhere Geschwindigkeiten und eine noch bessere Manövrierfähigkeit erzielen. So entstanden einige einzigartige Flugzeuge, etwa der Eurofighter (oben) und die amerikanische YF-22 (links), die experimentelle Version der F-22 Lightning 2. Der Eurofighter hat am Bug kleine Entenflügel. Mit ihnen kann er sehr enge Manöver fliegen. Die YF-22 hat eine Schubsteuerung und damit bewegliche Klappen beim Gasaustritt. Sie lenken den Schub ab und erlauben damit das Fliegen enger Figuren. Das Flugzeug fliegt 2335 km/h (Mach 2,2) schnell.

YF-22 im Flug

Die MiG-31 Foxhound

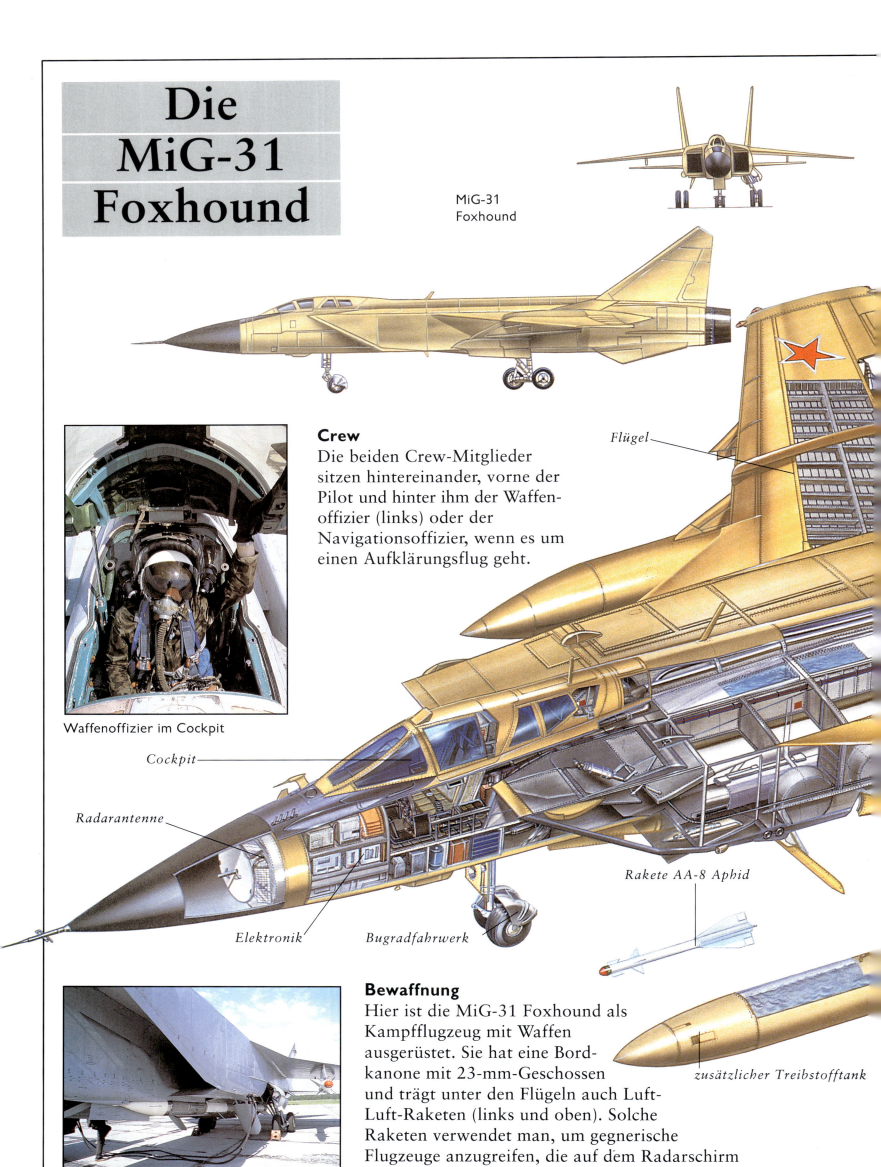

MiG-31 Foxhound

Crew
Die beiden Crew-Mitglieder sitzen hintereinander, vorne der Pilot und hinter ihm der Waffenoffizier (links) oder der Navigationsoffizier, wenn es um einen Aufklärungsflug geht.

Waffenoffizier im Cockpit

Cockpit

Radarantenne

Elektronik

Bugradfahrwerk

Flügel

Rakete AA-8 Aphid

zusätzlicher Treibstofftank

Bewaffnung
Hier ist die MiG-31 Foxhound als Kampfflugzeug mit Waffen ausgerüstet. Sie hat eine Bordkanone mit 23-mm-Geschossen und trägt unter den Flügeln auch Luft-Luft-Raketen (links und oben). Solche Raketen verwendet man, um gegnerische Flugzeuge anzugreifen, die auf dem Radarschirm auftauchen, sich aber noch in weiter Entfernung befinden.

MiG-31 mit Raketen

Antrieb
Die MiG-31 Foxhound wird von zwei Manteltriebwerken des Typs Perm D-30F6 mit Nachbrennern angetrieben. Manteltriebwerke weisen zwei Luftströme auf: Im heißen verbrennt der Treibstoff, während der kalte Luftstrom den heißen umgibt und den Schub zusätzlich erhöht.

Gasaustritt

Heckflosse

MiG-31 mit Bremsfallschirm

Die russische MiG-31 Foxhound ist das schnellste Kampfflugzeug der Welt, denn sie wird 3000 km/h oder Mach 2,83 schnell. Der Jet kann in über 20 km Höhe fliegen und von dort über weite Entfernungen feindliche Flugzeuge angreifen (links). Wenn man alle Waffen entfernt, dient die MiG-31 Foxhound als superschnelles Aufklärungsflugzeug. Es fliegt dann mit Überschallgeschwindigkeit über feindliche Stellungen und zeichnet deren genaue Position auf. Die Aufnahmen, die dabei gemacht werden, zeigen Einzelheiten bis zur Größe eines Tennisballes.

Rakete AA-9 Amos

Nachbrenner
Der Nachbrenner liegt hinter der eigentlichen Turbine und dem Gasaustritt. Die Gase, die die Brennkammer der Turbine verlassen, enthalten immer noch viel Sauerstoff. Der Nachbrenner spritzt weiteren Treibstoff ein und verbrennt ihn. Dadurch steigt die Temperatur des Abgangsstrahles. Deshalb treten die Abgase schneller nach hinten aus und erhöhen den Schub. Nachbrenner werden nur für kurze Zeit eingeschaltet.

Die X-Flugzeuge

Douglas X-3
Die X-3 (links) war ein Strahlflugzeug mit schlankem Rumpf und weit vorgestreckter, spitz zulaufender Nase. In der Zeit von 1952 bis 1955 untersuchte man mit der X-3, ob sich die spitze Rumpfform für Flüge im Schall- und Überschallbereich eignet.

Douglas X-3

Nach dem Zweiten Weltkrieg, der 1945 zu Ende ging, begann die NASA mit dem Bau von Versuchsflugzeugen, die alle die Bezeichnung X erhielten. Man wollte die Leistungsfähigkeit der Flugzeuge erweitern. Das erste Modell war die Bell X-1 (unten), mit der Chuck Yeager am 14. Oktober 1947 als erster Mensch die Schallmauer durchbrach. Er flog dabei 1078 km/h schnell, also mit Mach 1,06.

Chuck Yeager

Bell X-5
Die X-5 (unten), die zwischen 1951 und 1954 flog, konnte als erstes Flugzeug die Stellung der Flügel verändern. Sie ließen sich bis zu einem Winkel von 60 Grad zurückschwenken, was bessere Leistungen im Schallbereich ergab. Die X-5 führte zur Entwicklung von Flugzeugen wie des Tornados und der F-111 (siehe Seite 28).

Bell X-1

Bell X-5

Martin X-24 A
Die X-24 A (unten) brauchte keine Flügel mehr, weil sie von einem größeren Trägerflugzeug aus startete. Sie erreichte eine Geschwindigkeit von 1696 km/h (Mach 1,6) und eine Höhe von 21 765 m.

Martin X-24 B
Die X-24 B (unten) war eine Weiterentwicklung der X-24 A. Sie war bis 1865 km/h schnell und stieg bis auf 29 500 m. Der letzte Flug fand im September 1975 statt. Die Erfahrungen mit diesen beiden Flugzeugen führten schließlich zur Entwicklung des Spaceshuttles.

Martin X-24A

Martin X-24B

Rockwell X-31

Die X-31 (rechts) wurde entwickelt, um herauszufinden, ob man mit Schubsteuerung und beweglichen Entenflügeln vorne (siehe Seite 29) die Manövrierfähigkeit eines Flugzeugs erhöhen kann. Sie ist in der Lage, sehr ungewöhnliche Manöver durchzuführen: Im Horizontalflug kann sie zum Beispiel die Nase in einem Winkel von 70 Grad schräg nach oben strecken. Das Flugzeug erreicht eine Geschwindigkeit von 1357 km/h (Mach 1,28) und eine Höhe von 12 200 m.

Rockwell X-31

Grumman X-29

Grumman X-29

Bereits vor 60 Jahren waren Ingenieure auf die Idee gekommen, nach vorne gestellte Flügel zu verwenden. Trotzdem ist die Grumman X-29 (oben) noch heute ein revolutionäres Flugzeug. Sie flog erstmals im Dezember 1984. Sie erreichte sie eine Höchstgeschwindigkeit von 1696 km/h (Mach 1,6) und eine Gipfelhöhe von 15 150 m. Durch ihre Flügelform ist die Grumman X-29 sehr manövrierfähig. Doch gleichzeitig wird sie dadurch auch instabil: Ein Pilot kann sie nicht mehr steuern. Deswegen kontrollieren Computer dauernd die Fluglage und veranlassen automatisch Änderungen.

X-36

Das ungewöhnlich aussehende Flugzeug X-36 (unten), das erst in der Planung existiert, hat keine Heckflosse mehr, die alle herkömmlichen Flugzeuge zur Steuerung brauchen. Tatsächlich wird die X-36 durch den Schub und durch bewegliche Entenflügel vorne (siehe Seite 29) gesteuert. Sie wird gleichzeitig eines der ersten Flugzeuge sein, das ohne vorhergehende Prototypen gebaut wird. Stattdessen erproben Piloten in Virtual-Reality-Cockpits kleinere Modelle durch Fernsteuerung.

X-36

X-15 unter dem Flügel eines B-52-Bombers

Das Raketenflugzeug X-15 flog erstmals im Jahr 1959. Es war ein Forschungsflugzeug der NASA für die Entwicklung des wieder verwendbaren Spaceshuttles. Die X-15 wurde von einem fliegenden B-52-Bomber (oben) aus gestartet. Damit konnte man die Flügel der X-15 verkleinern und Treibstoff beim Start sparen. Das Raketenflugzeug stieg schnell hoch und testete die Flugverhältnisse in Höhen bis 107 km. Tatsächlich wurden zwei X-15-Piloten später Astronauten.

Der Raketenmotor verbrannte Kerosin mit mitgeführtem flüssigem Sauerstoff und beschleunigte das Flugzeug auf 7297 km/h oder Mach 6,7!

Ausmaße
Das Raketenflugzeug X-15 war 16 m lang und hatte eine Flügelspannweite von nur 6,7 m. Die dünnen Flügel waren nur stummelförmig. Das Gefährt wog beim Start rund 15 500 kg. Über die Hälfte davon war Treibstoff: flüssiger Sauerstoff und Kerosin, ein Flugzeugbenzin. Von der X-15 wurden drei Exemplare gebaut. Eines stürzte ab, und die beiden anderen stehen heute in Museen.

Schleudersitz
Der Schleudersitz (links) hat die Aufgabe, den Piloten bei nicht mehr beherrschbaren Situationen im Überschallflug zu retten. Dazu wurden Raketen gezündet. Den freien Fall bremsten schließlich Fallschirme bis zur sicheren Landung. Die Schleudersitze wurden bei der X-15 nie gebraucht.

Flugsteuerung
In der Atmosphäre wurde die X-15 wie jedes andere Flugzeug mit Rudern an den Flügeln und der Heckflosse gesteuert. Doch oberhalb von 36 km Höhe ist die Luft dazu zu dünn. Dort oben konnte der Pilot sein Flugzeug nur noch mit acht Stabilisierungstriebwerken steuern. Auch die Steuerung des Spaceshuttles erfolgt heute auf diese Weise.

X-15 Raketenflugzeug

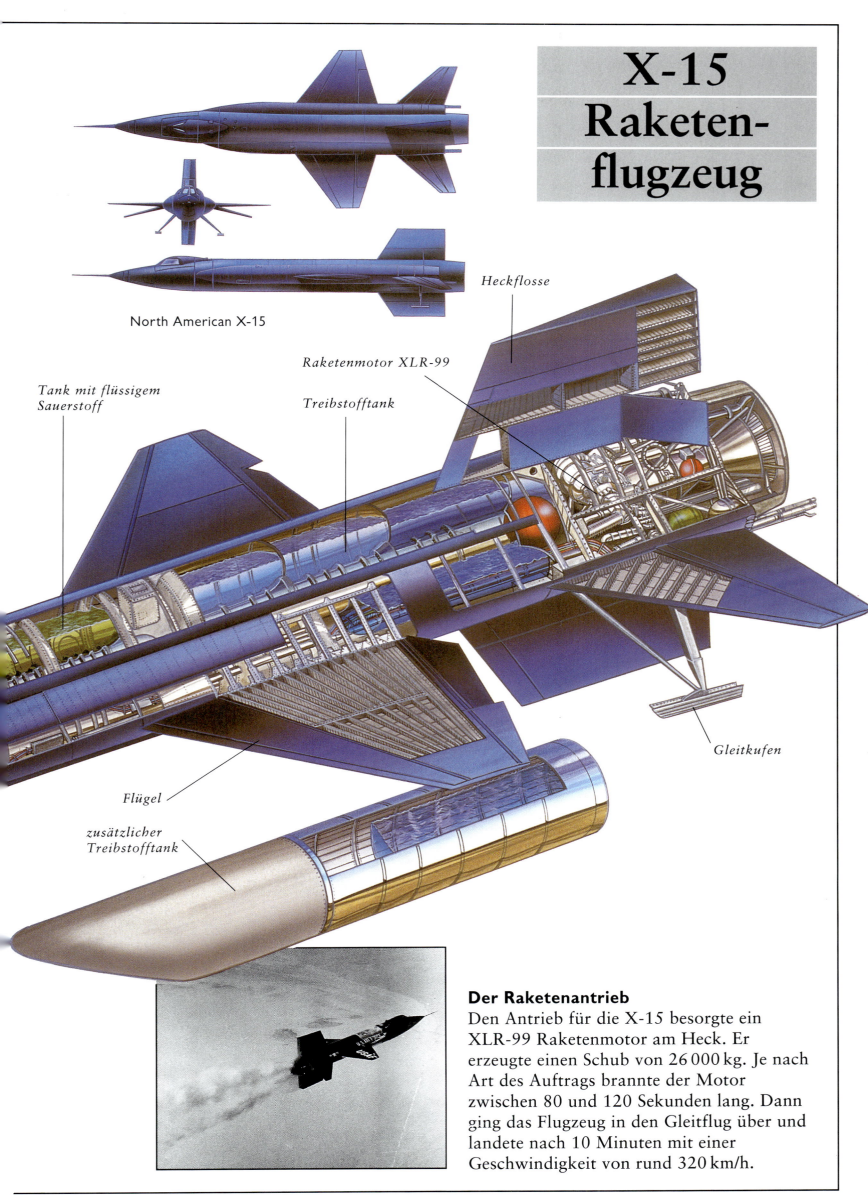

North American X-15

Tank mit flüssigem Sauerstoff — Treibstofftank — Raketenmotor XLR-99 — Heckflosse — Gleitkufen — Flügel — zusätzlicher Treibstofftank

Der Raketenantrieb

Den Antrieb für die X-15 besorgte ein XLR-99 Raketenmotor am Heck. Er erzeugte einen Schub von 26 000 kg. Je nach Art des Auftrags brannte der Motor zwischen 80 und 120 Sekunden lang. Dann ging das Flugzeug in den Gleitflug über und landete nach 10 Minuten mit einer Geschwindigkeit von rund 320 km/h.

Die NASP

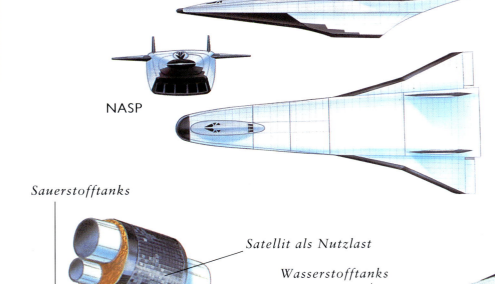
NASP

Hoch hinaus

NASP ist eine Abkürzung für National Aero-Space Plane. Die NASP soll Passagiere und Satelliten mit ungeheurer Geschwindigkeit in eine Höhe von 76 km befördern. In dieser Höhe herrscht eine Temperatur von 1800 °C. Um eine Überhitzung zu vermeiden, wird sehr kalter, „schlammförmiger" Wasserstoff, der als Treibstoff dient, nahe der Außenhaut gelagert, um gegen die Hitze zu isolieren.

Sauerstofftanks

Satellit als Nutzlast

Wasserstofftanks

Bugradfahrwerk

Cockpit

Treibstoffe

In sehr großer Höhe enthält die Luft nicht mehr genügend Sauerstoff, damit ein Triebwerk weiterbrennt. Die NASP muss deswegen flüssigen Sauerstoff mit sich führen. Er verbrennt den ebenfalls mitgeführten Wasserstoff.

Die heutigen Überschall-Passagierflugzeuge Concorde und Tupolew Tu-144 (siehe S. 28) sind fast 30 Jahre alt und sollen nun ersetzt werden. An Nachfolgeprojekten arbeiten zum Beispiel die Firmen Aérospatiale, British Aerospace, Boeing und Lockheed. Das neue Flugzeug soll mit mehr als Mach 2 fliegen und 300 Passagiere 10 000 km weit befördern können. Ein weiteres Projekt ist ein Flugzeug oder Raumfahrzeug, das die Erde in der oberen Atmosphäre in ein paar Stunden umfliegen kann. In diesen Höhen ist die Reibung wegen der dünnen Luft viel geringer. Dort könnte man ungeheure Geschwindigkeiten erreichen, zum Beispiel 26 500 km/h oder Mach 25!

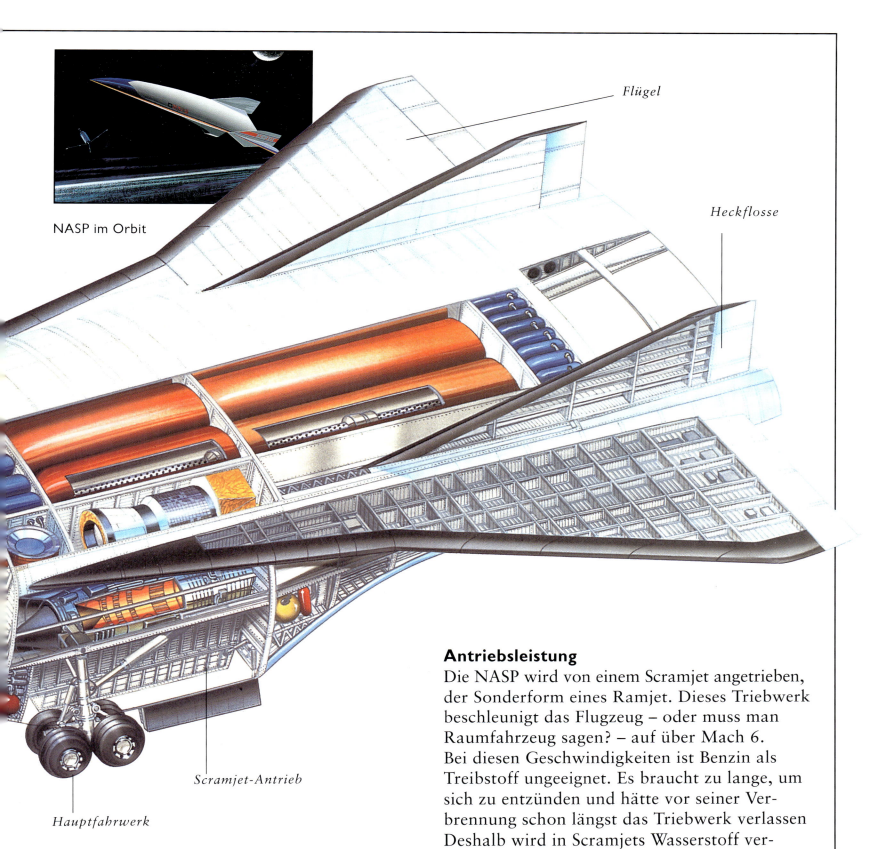

NASP im Orbit

Flügel

Heckflosse

Scramjet-Antrieb

Hauptfahrwerk

Antriebsleistung
Die NASP wird von einem Scramjet angetrieben, der Sonderform eines Ramjet. Dieses Triebwerk beschleunigt das Flugzeug – oder muss man Raumfahrzeug sagen? – auf über Mach 6. Bei diesen Geschwindigkeiten ist Benzin als Treibstoff ungeeignet. Es braucht zu lange, um sich zu entzünden und hätte vor seiner Verbrennung schon längst das Triebwerk verlassen Deshalb wird in Scramjets Wasserstoff verbrannt, der in viel kürzerer Zeit zündet.

NASP, Spaceshuttle und viele Raketen verbrennen in ihren Raketentriebwerken Wasserstoff. Bei der Reaktion mit Sauerstoff entsteht reines Wasser und es werden sehr große Energiemengen frei. Dieselbe Reaktion findet auch in Wasserstoffzellen statt. Vielleicht wird sie auch einmal die Benzinverbrennung im Auto ersetzen.

Geplante Nachfolgerin der Concorde

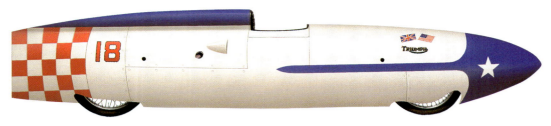

FACHBEGRIFFE

aerodynamisch Stromlinienförmig.
Aluminium Ein Leichtmetall, das sich leicht verformen lässt und dennoch in Legierungen beinahe so fest wird wie Stahl.
Beschleunigung Die Zunahme der Geschwindigkeit pro Zeiteinheit.
Dampfturbine Eine Turbine, die von heißem Wasserdampf in Bewegung gesetzt wird. Es gibt heute noch einige große Schiffe mit Dampfturbinenantrieb. Sonst kommen Dampfturbinen vor allem in Heizkraftwerken zum Einsatz.
Einspritzmotor Normale Benzinmotoren von Autos saugen über den Vergaser fein verteilten Treibstoff zusammen mit Luft an (Saugmotor). Bei den Einspritzmotoren spritzt eine Pumpe wohldosiert den Treibstoff in den Zylinder, wo er gezündet wird. Alle Dieselmotoren sind Einspritzmotoren.
Gasturbine Eine Turbine, die in ihrem Inneren Treibstoff verbrennt. Die heißen Abgase versetzen die Turbine in schnelle Drehung. Vorne hat die Gasturbine einen Verdichter, der die Luft ansaugt. Das Strahltriebwerk ist eine Gasturbine.
Hubraum Der Raum im Zylinder, den der Kolben bestreicht. Der Hubraum wird in Litern oder Kubikzentimetern (cm^3) angegeben und ist ein Maß für die Motorleistung.
Kevlar Ein hoch widerstandsfähiger, besonders reißfester Kunststoff.
Knoten Ein seemännisches Maß für die Geschwindigkeit von Booten und Schiffen. 1 Knoten (Abkürzung kn) entspricht 1 Seemeile pro Stunde und somit 1,852 km/h oder rund 0,5 m/s.
Kohlefaser Außerordentlich widerstandsfähige, biegsame und leichte Kunststofffaser. Sie besteht aus praktisch reinem Kohlenstoff.
Leistung Die in einer bestimmten Zeit geleistete Arbeit.
Mach Die Machzahl gibt an, wie schnell ein Flugzeug im Verhältnis zur Schallgeschwindigkeit fliegt. Mach unter 1 bedeutet Unterschallgeschwindigkeit. Mach 1 entspricht genau der Schallgeschwindigkeit und Mach über 1 ist Überschallgeschwindigkeit.
NASA Bezeichnung für die amerikanische Luft- und Raumfahrtbehörde.
Navigation Die Bestimmung des geographischen Standorts und des Kurses, der eingehalten werden muss.
Prototyp Erstes, meist handgefertigtes Muster eines Modells vor der Serienfertigung.
PS Abkürzung für Pferdestärke. Es handelt sich um ein heute veraltetes Maß für die Leistung, das allerdings im Zusammenhang mit Motoren immer noch verwendet wird. 1 PS entspricht 75 Meterkilogramm pro Sekunde oder 0,74 Kilowatt.
Ramjet Ein Staustrahltriebwerk. Der Ramjet hat keine beweglichen Teile mehr, auch keinen Verdichter. Er funktioniert deswegen erst bei Überschallgeschwindigkeit.
Schallgeschwindigkeit Die Geschwindigkeit der Schallwellen in der Luft. Meistens beträgt sie rund 330 m/s. In höheren Luftschichten ist die Schallgeschwindigkeit deutlich geringer.
Strahltriebwerk Strahl- oder Düsentriebwerke stoßen erhitzte Luft nach hinten aus und erzeugen durch diesen Rückstoß einen Schub nach vorne. Solche Triebwerke sind einfach aufgebaut. Ein Verdichter saugt vorn Luft an. In der Brennkammer wird Treibstoff verbrannt. Die Abgase treten mit großer Geschwindigkeit nach hinten aus.
Titan Ein extrem leichtes, widerstandsfähiges silbrigweißes Metall.
Turbine Turbinen verwandeln die Bewegungen von Gasen oder Flüssigkeiten in Drehbewegungen. Die Strahltriebwerke sind solche Turbinen.
Turbolader Eine kleine Turbine, die von den Abgasen des Autos angetrieben wird. Sie verdichtet die Luft, die in den Verbrennungsraum des Motors gelangt. Dadurch wird die Leistung erhöht.
Virtual Reality Die Vorspiegelung einer natürlichen Umwelt mithilfe des Computers.
V-Motor Beim V-Motor sind die Zylinder paarweise angeordnet und bilden einen Winkel (V-Form).
Zylinder Ein rohrförmiger Raum im Motor, in dem der Treibstoff verbrannt wird. Die Abgase treiben den Kolben an, der im Zylinder beweglich gelagert ist.

ZEITTAFEL

1775 Erste Versuche mit einem Dampfschiff auf der Seine bei Paris

1885 Erstes Motorrad von G. Daimler und W. Maybach

1886 baut Carl Benz das erste Auto.

1895 Erster Großer Preis (Grand Prix) von Frankreich. Das Rennen führt von Paris nach Bordeaux und zurück.

1897 Das von einer Dampfturbine angetriebene Schiff Turbinia erscheint unvermutet bei einer Flottenparade der englischen Navy und demonstriert seine Überlegenheit, denn es ist über 60 km/h schnell.

1899 Der Belgier Camille Jenatzy fährt mit seinem Elektroauto erstmals über 100 km/h schnell.

1903 gelingen den Brüdern Orville und Wilbur Wright die ersten Motorflüge.

1904 Henry Ford stellt einen neuen Geschwindigkeitsrekord mit einem Auto auf. In seinem Ford 999 fährt er 147 km/h schnell.

1907 Erstes Motorradrennen (Tourist Trophy) auf der englischen Insel Man

1911 Erste Monte-Carlo-Rallye, erste Austragung der 500 Meilen von Indianapolis

1918 Geschwindigkeitsrekord für ein Boot, das Alexander Graham Bell, der Erfinder des Telefons, entworfen hat: Es erreicht 114 km/h.

1923 Erstes 24-Stunden-Rennen von Le Mans in Frankreich

1924 Sir Malcolm Campbell holt sich den Geschwindigkeitsrekord für ein Auto in einem Sunbeam: 235 km/h. Ein Jahr später verbessert er den Rekord auf 243 km/h.

1926 Erster Großer Preis von Deutschland. Er wird in diesem Jahr auf der Avus in Berlin ausgetragen, danach auf dem Nürburgring und schließlich auf dem Hockenheimring.

1926 fährt John Parry Thomas mit seinem Auto „Babs" einen neuen Rekord mit 272 km/h.

1928 Sir Malcolm Campbell schraubt den Geschwindigkeitsrekord für Autos auf 333 km/h.

1931 Die Supermarine S.6B gewinnt die Schneider-Trophäe mit einer Höchstgeschwindigkeit von 548 km/h.

1935 stiftet ein englischer Abgeordneter das Blaue Band für die schnellste Atlantiküberquerung eines Passagierschiffes.

1935 bricht Sir Malcolm Campbell zum letzten Mal einen Geschwindigkeitsrekord. In seinem Auto Bluebird wird er 485 km/h schnell.

1938 Neuer Geschwindigkeitsrekord für Autos: George Eyston in seinem Thunderbolt mit 575 km/h.

1947 Chuck Yeager durchbricht erstmals die Schallmauer mit seinem Flugzeug Bell X-1 und erreicht 1078 km/h.

1950 Erstes Formel-1-Rennen in Silverstone in England. Es gewinnt Giuseppe Farina in einem Alfa Romeo.

1952 Das Passagierschiff United States erringt das Blaue Band für die schnellste Atlantiküberquerung. Die Durchschnittsgeschwindigkeit beträgt 66 km/h oder 35 Knoten. Dieser Rekord wurde seither nicht mehr gebrochen.

1963 Erste Rekordfahrt von Craig Breedlove mit der Spirit of America: 656 km/h.

1964 Donald Campbell fährt neuen Geschwindigkeitsweltrekord mit seiner Bluebird: 649 km/h. Im selben Jahr schraubt Craig Breedlove den Rekord auf 847 km/h.

1965 Letzter Rekord von Craig Breedlove in seiner Spirit of America: 966 km/h.

1966 W. J. Knight fliegt mit dem Raketenflugzeug North American X-15 7297 km/h schnell. Das entspricht der 6,7fachen Schallgeschwindigkeit.

1970 Die raketengetriebene Blue Flame erreicht eine Geschwindigkeit von 1016 km/h. Am Steuer des Autos sitzt Gary Gabelich.

1976 Aufnahme des regelmäßigen Luftverkehrs mit dem Überschallflugzeug Concorde.

1978 holt sich Kenneth Warby den heute noch gültigen Rekord auf dem Wasser mit seiner Spirit of Australia: 511 km/h oder 276 Knoten.

1983 Richard Noble erreicht mit der Thrust 2 eine Geschwindigkeit von 1019 km/h.

1990 stellt Dave Campos mit 519 km/h einen neuen Rekord für Motorräder auf.

1997 Die Thrust SSC mit Andrew Green am Steuer durchbricht als erstes Landfahrzeug die Schallmauer und erreicht 1229,54 km/h. Der Leiter des Teams ist Richard Noble.

REGISTER

aerodynamisch 4, 38
Aluminium 38
America's Cup 23
Auftrieb 22
Bell, Alexander Graham 23

Benz, Carl 6
Beschleunigung 38
Blackbox 8
Blaues Band 23
Boxenstopp 8
Breedlove, Craig 21
Bremsfallschirm 12, 18
Campbell, Donald 20, 23
Campbell, Sir Malcolm 20
Campos, Dave 16
Cobb, John 21
Concorde 28, 36
Coupé 6
Crew 25, 30
Cutty Sark 22
Daimler, Gottfried 6
Dampfturbine 38
Doppelrumpfboot 24
Drag-Bikes 17
Dragster 12
Düsenjäger 27
Düsentriebwerk 27
Einspritzmotor 38
Elektroauto 20
Entenflügel 29, 33
Eurofighter 29
Eyston, George 21
Fangio, Juan 10
Fernihough, E. C. 16
Ferrari 7
Flügeltüren 6
Ford, Henry 20
Formel 1 8
Funny Cars 12

Gabelich, Gary 21
Gasturbine 22, 38
Geschwindigkeit 3
Gleitboot 24
Grand Prix 10
Hubraum 38
Indianapolis 11
Indy Car 11
Jaguar 6, 7
Jenatzy, Camille 20
Katamaran 24
Kevlar 38
Klipper 22
Knoten 38
Kohlefaser 38
Le Mans 4, 11
Leistung 38
Luftkissen 24
Mach 38
Manteltriebwerk 31
Mercedes 6
Messerschmitt 27
Monte-Carlo-Rallye 11
Nachbrenner 31
NASA 38
NASP 36
Navigation 38
Noble, Richard 21
Parsons, Sir Charles 22

Porsche, Ferdinand 7
Prototyp 38
PS 38
Raketen 30
Raketenantrieb 35
Raketenauto 19
Raketenflugzeug 34
Ramjet 29, 38
Rennboot 24
Schallgeschwindigkeit 38

Schleudersitz 25, 34
Schneider-Trophäe 26
Schwenkflügel 28
Scramjet 37
Senna, Ayrton 10
Silberpfeil 6
Slicks 8, 9
Spaceshuttle 32, 34
Spirit of America 18, 19
Spirit of Australia 23
Spoiler 4, 10
Stabilisierungstriebwerk 34
Stock-Car 11
Strahltriebwerk 18, 27, 38
Stromlinienform 4, 10
Superbikes 15
Thomas, John Parry 20
Thrust 2 21
Thrust SSC 18, 19
Titan 38
Top-Fuel-Cars 12
Tragflächen 22
Tragflächenboot 22
Treibstoff 25, 36
Tupolew Tu-144 28, 36
Turbine 38
Turbolader 9, 13, 38
Überschall 19, 28
Überschalljäger 28
24-Stunden-Rennen 11
Virtual Reality 38
V-Motor 38
Warby, Kenneth 23
Wasserstoff 36
Whittle, Sir Frank 27
Wolverton, Red 16
X-Flugzeuge 32, 33
Yeager, Chuck 32
Zylinder 38

Bildnachweis:

Abkürzungen: o = oben, m = Mitte, u = unten, r = rechts, l = links

Seite 4, 5 beide 7ol, ur, 10 beide, 11ml, mr, 12, 13u, 14m, 15, 18ol, or, 19u, 23m, 24 beide, 25, 27ul, 28ur, 29 alle, 32o – Rex Features. 6o, 7ur, m, ul, 8 beide, 9, 11ol, or, 13o, 14u, 18u, 30 beide, 31 – Frank Spooner Pictures. 11u – British Film Institute. 16m, 17o, u, 22ol, 23o, Einschlussbild, 23u, 27ur – Hulton Getty Collection. 17m – Honda UK. 22or – Mary Evans Picture Library. 25 beide, 28ol, or, ul, 32ml, mr, u, 32, 34or, 35u, 37o – The Aviation Picture Library. 34ol – Rockwell Aerospace. 37u – British Aerospace.